地势坤，君子以厚德载物。

吕思勉白话中国史

上古卷

华夏初兴

史学泰斗
吕思勉——著

浙江人民出版社

前言

《吕思勉白话中国史》是第一部用白话文写成的具有完全意义的通史，讲述了各个阶段的政治史事、社会经济、文化现象，还叙述了各国与中国的关系。

此书于1923年由商务印书馆初版，原名《白话本国史》；1990年上海书店影印，收入《民国丛书》第二编；2005年上海古籍出版社再版。为了方便读者更好地阅读和思考，本次出版将民国纪元改为公元纪年，一些地名的变化也做了标注，并对少量文字做了技术处理。

目录

绪论

第一节　历史的定义

历史究竟是怎样一种学问？我可以简单回答说：

历史者，研究人类社会之沿革，而认识其变迁进化之因果关系者也。

宇宙之间，无论哪一种现象，都是常动不息的，都是变迁不已的。这个变迁，就叫作“进化”。

因此，无论什么事情，都有个“因果关系”。明白了它的原因，就可以预测它的结果，而且可以谋“改良”“补救”的法子。

要明白事情的因果关系，所以要“经验”。一个人的经验有限，要借助于别时代、别地方的人，就要有“记载”。记载就是“历史”。

所以历史是各种学问都有的。但是从前的人，研究学问的方法粗，常把许多现象混合在一起。后来的人，知道这种法子不行，就把宇宙间的现象，分作若干部分，各人研究其一部分，就各部分研究所得，再想法子合拢起来。这个便唤作“科学”。研究社会进化现象的一部分，就唤作“历史学”。

从前的人，研究学问的方法粗，以为“史者，记事者也”，宇宙间什么现象，都应该记载在里头。所以《史记》的“八书”，《汉书》的“十志”，什么专门的学问（譬如天文、律历）、奇怪的事情（譬如五行）都有。现在的宗旨，却不是这样了。

“社会现象”也是“宇宙现象”之一，它的“变迁进化”，也脱不了“因果关系”的。虽然这种因果关系，不像自然现象那么简单，因而“断定既往”“推测将来”，也不能如自然科学那么正确（譬如断定既往，不如矿物学。推测将来，不如天文学），然而绝不能说其没有因果关系。研究历史之学，就是要“认识这种因果关系”。这便是历史学的定义。

第二节　中国的历史

要明白一种现象的因果关系，先要晓得它的“事实”。考究人类社会已往的事实的东西很多，譬如（一）人类之遗骸，（二）古物（无论工艺品、美术品、建筑物），（三）典章制度、风俗习惯等都是。记载往事的书籍，不过是其中的一种。然而最完全最正确的，究竟要推书籍。所以研究历史，仍得以“史籍”为中心。

我们中国的史籍，究竟怎样？我且举两种史籍分类的法子，以见其大概。一种是清朝的《四库书目》，这是旧时候“目录之学”中最后的分类。

- 正史
- 编年
- 纪事本末
- 别史
- 杂史
- 诏令奏议
  - 诏令
  - 奏议
- 传记
  - 圣贤
  - 名人
  - 总录
  - 杂录
  - 别录

（接下页）

- 史部
  - 史钞
  - 载记
  - 时令
  - 地理
    - 总志
    - 都会郡县
    - 河渠
    - 边防
    - 山川
    - 古迹
    - 杂记
    - 游记
    - 外记
  - 职官
    - 官制
    - 官箴
  - 政书
    - 通制
    - 典礼
    - 邦计
    - 军政
    - 法令
    - 考工
  - 目录
    - 经籍
    - 金石
  - 史评

一种是近人所撰的《新史学》，略参些新科学思想的（见《新民丛报》和《饮冰室文集》）。

第一正史
- （甲）官书（所谓《二十四史》是也）
- （乙）别史（如华峤《汉后书》、习凿齿《蜀汉春秋》、《十六国春秋》、《华阳国志》、《元朝秘史》等，其实皆正史体也）

第二编年（《资治通鉴》等是也）

第三纪事本末
- （甲）通体（如《通鉴纪事本末》《绎史》等是也）
- （乙）别体（如“平定某某方略”、《三案始末》等是也）

第四政书
- （甲）通体（如《通典》《文献通考》等是也）
- （乙）别体（如《大唐开元礼》《大清会典》《钦定大清通礼》等是也）
- （丙）小记（如《汉官仪》等是也）

第五杂史
- （甲）综记（如《国语》《战国策》等是也）
- （乙）琐记（如《世说新语》《唐代丛书》《明季稗史汇编》等是也）
- （丙）诏令奏议（《四库书目》另列一门，其实杂史也）

第六传记
- （甲）通体（如《满汉名臣传》《国朝先正事略》等是也）
- （乙）别体（如“某帝实录”“某人年谱”等是也）

第七地志
（甲）通体（如“某省通志”、《天下郡国利病书》是也）
（乙）别体（如纪行等书是也）

第八学史（如《明儒学案》《国朝汉学师承记》等是也）

第九史论
（甲）理论（如《史通》《文史通义》等是也）
（乙）事论（如《历代史论》《读通鉴论》等是也）
（丙）杂论（如《廿二史札记》《十七史商榷》是也）

第十附庸
（甲）外史（如《汉西域图考》《职方外纪》等是也）
（乙）考据（如《禹贡图考》等是也）
（丙）注释（如裴松之《三国志注》等是也）

以上两种分法，都不十分正确，现在且不评论它（要知道历史书分类的法子，可以自己把“目录之学”的书参考。其中应该先看的，是《汉书·艺文志》《隋书·经籍志》《文献通考·经籍考》《四库书目》四种）。我以为历史的书，从内容上分起来，不过（一）记载、（二）注释、（三）批评三种（考订大抵属于注释，也有因此而下批评的）。其中又以记载为主，必须有了记载，批评、注释两种才有所附丽，其间有主从的关系。

历史书所记载的事实，从前的人，把它分作（一）治乱兴亡、（二）典章制度两大类（参看《文献通考》序。这两个名词，不甚妥当，但是一时没有适当的名词，姑且沿用之，我以为前一类可称为“动的史实”，后一类可称为“静的史实”）。正史中的“纪”“传”，是记前一类事实的；“志”是记后一类事实的；二者又皆可出之以“表”，以图减省；所以正史可称为“纪传表志体”。各种历史，要算这一种的体例，最为完全（所以从前把它立于学官，算作正史）。编年和纪事本末，是专记前一类的事实。政书是专记后一类的事实。从研究上说，编年体最便于“通览一时代的大势”；纪事本末体，最便于“钩稽一事的始末”；典章制度一类的事实，尤贵乎“观其会通”；所以正史、编年、纪事本末、政书这四种书在研究上都是最紧要的：因其都能“网罗完备”，而且都有一个“条理系统”。其余的书，只记一部分的事实（或者是许多零碎的事实），只可称为“未经编纂的史材”，专门研究，都是很有用的，初学暂可从缓。

我们中国是个文明开化极早之国，历史一类的书，真是汗牛充栋；其余各种材料，却也不少（譬如钟鼎碑刻和其余各种古器物，都有合于前说的古物一类。各地方特别的风俗、特别的方言，都有合于前说的风俗习惯、典章制度一类）；可惜科学不甚发达，没有能够将之严密整理罢了。这就是今后学者的责任了。

第三节　现在研究史学的方法

现在研究史学，有两件事情是最应当注意的：其一，是要有科学的眼光，即便是现存的材料，也要用科学方法去整理。其中最紧要的有两层：一是把无关于历史之学的析出，以待专家的研究（譬如天文、律、历）；二是把所存的材料，用种种科学的眼光去研究，以便说明社会进化的现象（譬如用经济学的眼光去研究食货一类的史实，就可以知道社会的生活状况，就知道社会物质方面，而物质方面，就是社会进化的一种原因）。

其二，是要懂得考据之学。研究历史，最紧要的就是“正确的事实”。事实不正确，根据此事实而下的断案，自然是不正确的了。然而历史上一大部分的事实，非加一番考据，断不能算作精密正确的（只要看前人所考据的便可见）。所以考据之学，实在不能不讲，其中最紧要的也有两层：一是要懂得汉学家的考据方法。这一派学问，是我们中国最新而又最精密的学问。必须懂得这一种方法，一切书才都可以读，一切材料才都可以使用（不然，就全据了些靠不住的材料，或者有了材料，不知道用法）。二是要参考外国的书。从前中国历史中，关于外国一部分最不正确（譬如朝鲜、安南，记载这两国的事情，还是误谬百出）。今后研究，必须搜罗他们自己的书

（《四库书目》著录外国人所自著的历史，只有郑麟趾的《高丽史》等两三种）。就是中国的事情，也有要借外国史参考，方才得明白的，譬如：元朝在西域一方面的事实，就须参考西史（参看《元史译文证补》）；清朝入关以前的事实，中国人完全茫昧，反要参考朝鲜人的著述（参看日本稻叶君山《清朝全史》），就是个好例（这一层，外国也是如此。譬如朝鲜人，讲高丽以前的历史，就一大部分要借中国书参考。总而言之，世界大通，各国的历史，都可以参稽互证。试看近人《章氏丛书》中的《法显发现西半球说》，就可见得中国的历史竟可供给墨西哥人参考了）。

这两层，是最紧要的。其余应当注意的地方还很多，且待讲到下面，随时再说。

第四节　本书的分期

从来讲历史的人，因研究的方便，总把它划分为若干时期。本书也用此法，现在把本书所分的时期，开列于下。

（一）上古卷　秦以前

（二）中古卷
- 从秦朝统一起，到后汉全盛时代止。
- 从汉末分裂起，到南北朝止。
- 从隋朝统一起，到唐朝全盛时代止。

（三）近古卷
- 从唐中叶以后藩镇割据起，到五代止。
- 北宋
- 南宋

（四）近世卷
- 元
- 明
- 清中叶以前

（五）现代卷　从西力东渐到现在

以上不过是大略的区划，其中一切事实，并不能截然分清。总而言之，是为研究上的便利。至于之所以如此分法，读到后文自见，现在也不必絮烦。

第一章　汉族的由来

研究一个国家的历史，总得知道它最初的民族。现在世界上，固然没有真正单纯的“民族国家”。一个国家，要想自立于世界之上，究竟民族宜乎单纯，还是宜乎复杂？假如说复杂，可以复杂到怎样程度？自然也还是一个问题。然而一个国家建立之初总是以一个民族为主体，然后渐次吸收其余诸民族，这是一定不移的道理。然则要晓得一个国家最古的历史，必须晓得它最初的民族，也是毫无疑义的了。

建立中国国家最早的民族，就是“汉族”，这个也是讲历史的人，没有异议的（近来有人说：“汉”字是一个朝代的名称，不是种族的本名，主张改称“华族”或“中华民族”。殊不知“汉”字作了种族的名称，已经两千多年，譬如唐朝用兵，兼用本国兵和外国兵，就称“汉蕃步骑”，这就是以“汉”字为种族之名的一证。况且“种”“族”二字，用起来总得分别。汉族不能改作“华种”，若称“华族”，这两个字，有时候当它贵族用的，不免相混。若称“中华民族”，四个字的名词，用起来怕不大方便。而且这四个字，用到最近的时代，意义也容易混淆。总而言之，把臆定的名词，来改通行的语言，极难妥当。所以本书仍旧用“汉族”两字）。

然则汉族是从“有史以前”就已在中国本部的呢，还是从他处迁来，入“有史时代”，其形迹还有可考的呢？这便是“汉族由来”的问题。

关于这一个问题的回答，要算是“西来说”最为有力。近来人关于这一个问题的著述，要算蒋观云的《中国人种考》（在《新民丛报》里）最为详博。但是他所举的证据，还不尽可靠，我现在且举两种证据如下[①]（这两种证据，似乎都还谨严的）：

其一，古书上说昆仑的很多。《周礼·大宗伯》：“以黄琮礼地。”《郑注》：“此……礼地以夏至，谓神在昆仑者也。”《典瑞》：“两圭有邸，以祀地旅四望。”《郑注》：“祀地，谓所祀于北郊，神州之神。”疏：“按《河图括地象》，昆仑东南万五千里，神州是也。”入神州以后，还祭“昆仑之神”，可见昆仑是汉族的根据地。然则昆仑究在何处呢？

① 当看蒙文通《古史甄微》。

《尔雅》："河出昆仑虚。"《史记·大宛列传》："《禹本纪》言河出昆仑。昆仑，其高二千五百余里，日月所相隐蔽为光明也。其上有醴泉瑶池。"《说文》："河水出敦煌塞外昆仑山，发原注海。"《水经》："昆仑虚在西北，去嵩高五万里，地之中也。其高万一千里。河水出其东北陬。"（《山海经》："海内昆仑之虚，在西北……河水出其东北隅。"）都以河所出为昆仑。河源所在，虽有异说，然都起于唐以后，不能拿来解释古书。要讲"古代所谓河源"，《史记·大宛列传》所谓"汉使穷河源，河源出于阗。其山多玉石，采来。天子案古图书，名河所出山曰昆仑云"。其说自极可靠。那么，如今于阗河上源一带一定是汉族古代的根据地了（《尚书·禹贡》："织皮、昆仑、析支、渠搜，西戎即叙。"《释文》："马云：昆仑，在临羌西……析支，在河关西。"疏："郑玄云：衣皮之民，居此昆仑、析支、渠搜三山之野者，皆西戎也……郑以昆仑为山，谓别有昆仑之山，非河所出者也。"这一个昆仑，在如今西宁县的西边青海地方——编者注：今西宁市，和前一个昆仑无涉。所以孔疏特地申明一句道："非河所出。"郭璞《山海经注》也说："言海内者，明海外复有昆仑山。"这个"海"是夷蛮戎狄，谓之四海的"海"，不是海洋的海）。

其二，"汉族"二字，是后起之称，古代汉族自称。他族称汉族，或说"华"，或说"夏"。《左传》戎子驹支对晋人说“我诸戎饮食衣服，不与‘华’同”（《襄公十四年》），《孔子家语》“裔不谋夏，夷不乱‘华’”，都是证据。近人因此附会到《列子》上头的华胥之国，固然不甚可靠（《列子》这部书，本来真伪夹杂，这一段又是寓言。凡寓言里的人名、地名，以至于一切物的名，都不宜求其物以实之）。然而西史的巴克特利亚（Bactria），《史记》上称它为大夏，似乎是这地方的旧名（因为汉时西域诸国，譬如安息、大夏等，都能证明它是译音）。《吕氏春秋·古乐篇》“黄帝令伶伦作为律，伶伦自大夏之西，乃之阮隃之阴，取竹于嶰溪之谷”，似乎就是这一个大夏。那么，阿姆河流域，似乎也是古代汉族的居地（参看近人《太炎文集·论种姓》）。

以上两种说法，如假定为不谬，则汉族古代，似居葱岭，今帕米尔高原一带，这一带地方，据人种学历史家考究，原是各大人种起源的地方。汉族入中国，所走的大概是如今新疆到甘肃的路。近来人多说，“汉族沿黄河东徙”。这句话，似乎太粗略。现在的黄河上源，在古代是氐羌人的根据地（见本卷第六章第四节）。

总而言之，“汉族西来”，现在虽没有充分的证据，然而蛛丝马迹是很多的。将来古书读得更精，古物发现得更多，再借他国的历史参考，一定可以大为明白。这就要希望诸位努力了。

第二章　古史的年代和系统

研究历史，"年代"是很紧要的。因为历史的年代，好比地理的经纬度。然而古史的年代，大概是很茫昧的，然而咱们现在既然要研究历史，无论如何茫昧，总得考究一番。

请问从何研究起呢？那么，自然总要以一种传说为凭。古书上记得最整齐的，就是《春秋纬》。司马贞《补三皇本纪》引道：

自开辟至于获麟，凡三百二十七万六千岁。分为十纪：一曰九头纪；二曰五龙纪；三曰摄提纪；四曰合雒纪；五曰连通纪；六曰序命纪；七曰修飞纪；八曰回提纪；九曰禅通纪；十曰流讫纪（《尚书序正义》引《广雅》，作二百七十六万岁。

修飞作循飞，流讫，毛刻本作疏仡）。

这种数目字，一看已是宏大可惊了。据现在史家所考究，埃及等开化最早之国，历史也不满一万年，中国如何独有二三百万年呢？不问而知其不可信了。然则请问从何下手呢？有了：古人的时间观念，很不发达，所传述的事情，都没有正确的年代。所以读后世的历史，可以按着年月，考求事实。读古代的历史，却只能根据事实，推求年代。而古人所传说的事实，又总要把它归到一个“酋长”或者“半神半人的人”身上。所以考求古代君主的系统，便可大略推见其年代。

那么，古书上所说最早的君主是什么人？不问而知其为盘古了。

徐整《三五历》：“天地浑沌如鸡子，盘古生其中。万八千岁，天地开辟，阳清为天，阴浊为地，盘古在其中。一日九变，神于天，圣于地，天日高一丈，地日厚一丈，盘古日长一丈，如此万八千岁，天数极高，地数极深，盘古极长……”（《太平御览》卷二）

这一段神话，似乎纯出想象，其中并无事实。近来又有人疑心盘古是苗族的神话，汉族误把他拉来算作自己的，其说亦颇有理（见第三章第二节）。盘古以后的君主，又是什么人呢？那也不问而知其为三皇五帝了。

司马贞《补三皇本纪》："天地初立，有天皇氏……兄弟十二人，立各一万八千岁。地皇氏……十一人……亦各万八千岁。人皇氏……兄弟九人……凡一百五十世，合四万五千六百年。"（原注"天皇以下，皆出《河图》及《三五历》也"。按：这是司马贞所列的或说，其正说同郑玄。）

《尚书大传》："燧人为燧皇，伏羲为戏皇，神农为农皇也。"（《风俗通·皇霸第一》引。《风俗通》又引《礼纬含文嘉》同。又宋均注《援神契》引《甄耀度》，谯周《古史考》，都同此说，见《曲礼正义》。）

《白虎通》："三皇者，何谓也？谓伏羲、神农、燧人也。或曰：伏羲、神农、祝融也。"

《礼记·曲礼正义》郑玄注《中候敕省图》引……《运斗枢》："伏羲、女娲、神农为三皇……"

《史记·秦始皇本纪》："令丞相御史曰：……其议帝号。丞相绾，御史大夫劫，廷尉斯等皆曰：……臣等谨与博士议曰：古有天皇，有地皇，有泰皇；泰皇最贵……"《索隐》："天皇地皇之下，即云泰皇，当人皇也……"

以上是三皇的异说；五帝的异说，也有两种：

《史记正义》："……太史公依《世本》《大戴礼》，以黄帝、颛顼、帝喾、唐尧、虞舜，为五帝。谯周、应劭、宋均皆同。"

《曲礼正义》："其五帝者，郑注《中候敕省图》云……黄帝、金天氏、高阳氏、高辛氏、陶唐氏、有虞氏，是也；实六人而称五者，以其俱合五帝座星也。"

咱们现在所要研究的，有三个问题：其一，三皇五帝到底是什么人？其二，他们的统系是否相接？其三，三皇五帝以前有无可考的帝王？

关于第一个问题：除司马贞《补三皇本纪》所列的或说，似乎也是苗族的神话，汉族误拉来的不算外（**见本卷第三章第二节**），《白虎通》的第一说和《尚书大传》本来相同。《尚书大传》"燧人以火纪，火，太阳也，阳尊，故托燧皇于天；伏羲以人事纪，故托戏皇于人……神农悉地力，种谷疏，故托农皇于地"，可见得三皇是取天地人的意思；与《史记》"古有天皇，有地皇，有泰皇[①]"，《索隐》"泰皇当人皇"的说法正合；伏生就是秦博士之一；这两说一定是一说。《补三皇

① 皆德号。

本纪》：“女娲氏，亦风姓，代宓牺立……一曰：女娲亦木德王，盖宓牺之后，已经数世，金木轮环，周而复始；特举女娲，以其功高而充三皇……当其末年也，诸侯有共工氏……乃与祝融战；不胜而怒，乃头触不周山崩，天柱折，地维缺；女娲乃炼五色石以补天，断鳌足以立四极。”（原注“按其事出《淮南子》也”。按：见今《淮南子·览冥训》）则女娲就是祝融；《白虎通》第二说，和郑玄的说法相同。五帝的两说，就是后一说多了个少昊（还有《尚书伪孔传序》，把伏羲、神农、黄帝，算作三皇。少昊、颛顼、高辛、唐、虞，算作五帝，这是无据之谈。皇甫谧和造《伪孔传》的王肃是一种人，所以他所作的《帝王世纪》，和其相同。这其间的关系，只要看丁晏的《尚书余论》就明白了。所以现在不列这一种说法）。咱们要辨别这两说的是非，就要入于第二个问题了。

关于第二个问题，也有两种说法：一种是说黄帝以后，世系都是明白可考的。《大戴记·帝系》：“少典产轩辕，是为黄帝；黄帝产玄嚣，玄嚣产蟜极，蟜极产高辛，是为帝喾；帝喾产放勋，是为帝尧；黄帝产昌意，昌意产高阳，是为帝颛顼；颛顼产穷蝉，穷蝉产敬康，敬康产句芒，句芒产蟜牛，蟜牛产瞽叟，瞽叟产重华，是为帝舜；及产象傲；颛顼产鲧，鲧产文命，是为禹。”这是《史记·五帝本纪》所本。

一种是把其间的年代说得极为辽远的，就是《曲礼正义》："《六艺论》云：燧人至伏羲，一百八十七代。宋均注《文耀钩》云：女娲以下至神农，七十二姓。谯周以为伏羲以次有三姓，始至女娲；女娲之后五十姓，至神农；神农至炎帝，一百三十三姓。"又《祭法正义》："《春秋命历序》：炎帝，号曰大庭氏，传八世，合五百二十岁；黄帝，一曰帝轩辕，传十世，二（闽本宋本作一）千五百二十岁；次曰帝宣，曰少昊，一曰金天氏，则穷桑氏，传八世，五百岁；次曰颛顼，则高阳氏，传二十世，三百五十岁；次是帝喾，传十世，四百岁。"按古人所谓某某生某某，不过是"本其族姓所自出……往往非父子继世"（孔广森《大戴礼记补注》）。据《大戴记》的《帝系篇》，就说《五帝德篇》的五帝，是及身相接，原不免武断；然而后燧人到帝喾，其间的世次年代，也绝不会像《礼记正义》所引诸说那么远。《五帝德》："宰我问于孔子曰：昔者予闻诸荣伊，言黄帝三百年，请问黄帝者，人邪？抑非人邪？何以至于三百年乎？孔子曰：……生而民得其利百年，死而民畏其神百年，亡而民用其教百年，故曰三百年。"可见古人对于年代的观念，全然和后世不同（照孔子对宰予的说法，是连死后也算进去）；这许多数字，全然不足为据。我们现在没有别的法子想，只好把黄帝、颛顼、帝喾、尧、舜，姑且算是及身相接的（就是不及身相接，其间相去的年代，也必不远）；燧人、伏羲、神农，姑且算不是及身相接的（这几个君主，本来没有紧相承接的说法；而介居其间的君主，却又不能不承认他存在的。譬如女娲氏，司马贞说其在伏羲、神农之间，似乎就不能相信；然而《淮南子》既然记载其和共工战争的事实，《礼记》的《祭法》，又有“共工氏之霸九州也”一句，就是一个旁证；《白虎通》三皇的第二说，又列一个祝融；把《淮南子》核对起来，祝融和女娲就是一人，就又是一个旁证；有这两个旁证，就不能不承认了）。

三皇五帝，既然得了一个勉强的算法，就可以进而考究第三个问题了。《补三皇本纪》：“自人皇已后，有五龙氏、燧人氏、大庭氏、柏皇氏、中央氏、卷须氏、栗陆氏、骊连氏、赫胥氏、尊卢氏、浑沌氏、昊英氏、有巢氏、朱襄氏、葛天氏、阴康氏、无怀氏，斯盖三皇已来，有天下者之号；但载籍不纪，莫知姓、王年代、所都之处；而《韩诗》以为自古封太山，禅梁甫者万有余家，仲尼观之，不能尽识；管子亦曰：古封太山七十二家，夷吾所识，十有二焉；首有无怀氏（按：以上一段说法，系根据《庄子·胠箧篇》《史记·封禅书》）。然则无怀之前，天皇已后，年纪悠邈，皇王何升而告，但古书亡矣，不可备论，岂得谓无帝王耶？”这一段议论，自极通达；然而《春秋繁露·三代改制质文篇》：“……故圣王生则称天子，崩迁则存为三王，绌灭则为五帝，下至附庸，绌为九皇，下极其为民；有一谓之三代，故虽绝地，庙位祝牲，犹列于郊号，宗于代宗。”所谓“宗于代宗”，似乎就是“封太山”，《周礼》“都宗人，掌都宗祀之礼，凡都祭祀，致福于国”，《郑注》“都，或有山川及因国无主九皇六十四民之祀”。《疏》按“《史记》（这《史记》不知道是什么书），伏羲以前，九皇六十四民，并是上古无名号之君，绝世无后，今宜主祭之也”。“绝世无后”，就是董子所谓“绝地”；那么，六十四民，就是董子所谓下极其为民；然则管子所谓七十二家，正就是这些上古无名号之君了。所可疑惑的是，周朝时候所记的古代的君主，何以能有如许之多，而且三王五帝九皇六十四民，恰合于九九八十一之数，恐怕是宗教上的理由，不能当作历史了（据《春秋繁露》所说，分明是随意推算）。就算不是如此，司马贞所举五龙氏……无怀氏一大篇君主的名号，也大概是无事迹可稽的，况且只有一个五龙氏在燧人以前，咱们现在也只得姑且截断它，把古史的年代系统，姑且推到燧人为止了。

《史记》确实的纪年，起于共和元年：从此以前的年代，都不可靠。咱们现在，姑且用《汉书·律历志》所推，夏432年，殷629年，周867年计算（因为别种书所载数目，也差不多；这部书，毕竟是以历法推古代年代最古的）。共和元年，在公元前841年；在此以前，周朝还有122年，再加上殷朝的629年，夏朝的432年，共是1183年，就在公元前2024年；尧舜两朝，用《史记》的尧98年，舜39年，加上居丧3年计算，共是140年；其余帝喾、颛顼、黄帝三代，用尧舜年代的平均数——70年去算，就加上210年，从燧人到伏羲，姑且用荣伊说黄帝的例子，算每人300年（其间间代之主，就都包括在这三个人里头），又加上900年；那么，燧人氏的元年，就在公元前3274年了。这种算法，固然极为可笑，然而现在实在没有别的法子想，也只得姑且如此，总算是“慰情聊胜无”罢了。

第三章　三皇五帝

第一节　三皇五帝时代社会进化的状况

既然知道中国可考的古史，起于三皇五帝，那么，咱们现在讲历史，就可以暂时从这里起了。

要晓得一个时代的历史，总得先晓得这个时代的社会是什么状况。三皇五帝的事迹，散见在古书里的很多，关于社会状况的也不少，但是苦于没有一个条理系统，而且不尽可靠。且慢，我现在找着两种书，说这时代社会进化的状况，却是很明白的。一种是《白虎通》的论三皇，它说：

古之时，未有三纲六纪；民人但知其母，不知其父；能蔽前而不能蔽后（《北堂书钞》引《五经异义》：“太古之时，未有布帛，人食禽兽肉而衣其皮，知蔽前，未知蔽后”）。卧之詓詓，行之吁吁，饥即求食，饱即弃余；茹毛饮血，而衣皮苇。于是伏羲仰观象于天，俯察法于地；因夫妇，正五行，始定人道；画八卦以治下，下伏而化之，故谓之伏羲也。谓之神农何？古之人民，皆食禽兽肉；至于神农，人民众多，禽兽不足；于是神农因天之时，分地之利；制耒耜，教民农作；神而化之，使民宜之，故谓之神农也。谓之燧人何？钻木燧取火，教民熟食；养人利性，避臭去毒，谓之燧人也。

三皇的次序，应当从《尚书大传》，燧人在前，伏羲次之，神农最后。

八卦是中国古代的宗教（见本卷第十章第一节）。燧人的时候还在“渔猎时代”，所以要教民熟食。渔猎时代，还没有“夫妇之伦”（一群的女子，都是一群的男子的妻，参看严复译甄克思《社会通诠》），所以“但知其母，不知其父”。渔猎时代，还没有“所有权”（所有权，是到畜牧时代，因为畜牧要花劳力的，也见《社会通诠》），所以“饥即求食，饱即弃余”。到伏羲时，便进入“游牧社会”。游牧社会，人民便从山谷之中，分散到各处平地；“家族制度”，就从此发生，所以有“夫妇之伦”。从游牧时代，变到耕稼社会，总是因为人民众多，地力不给；所以神农才要“教民农作”。《白虎通》这一段话，无一句不和现在社会学家所说相合的，可见得真古书的可贵。

一种是《易·系辞》说伏羲以后的创作，它说：

古者包牺氏之王天下也，仰则观象于天，俯则观法于地；观鸟兽之文，与地之宜；近取诸身，远取诸物；于是始作八卦，以通神明之德，以类万物之情。作结绳而为网罟，以佃以渔……包牺氏没，神农氏作。斫木为耜，揉木为耒；耒耨之利，以教天下……日中为市，致天下之民，聚天下之货；交易而退，各得其所……神农氏没，黄帝尧舜氏作……黄帝尧舜，垂衣裳而天下治（《正义》自此已下，凡有九事，黄帝制其初，尧舜成其末，故连云黄帝尧舜也。垂衣裳者，以前衣皮，其制短小；今衣丝麻布帛，所作衣裳，其制长大，故云垂衣裳也）……刳木为舟，剡木为楫；舟楫之利，以济不通……服牛乘马，引重致远……重门击柝，以待暴客……断木为杵，掘地为臼；臼杵之利，万民以济……弦木为弧，剡木为矢；弧矢之利，以威天下……上古穴居而野处，后世圣人易之以宫室，上栋下宇，以待风雨……古之葬者，厚衣之以薪，葬之中野，不封不树，丧期无数，后世圣人易之以棺椁……上古结绳而治，后世圣人易之以书契；百官以治，万民以察……

耕稼时代，人民四处分散，更不能如游牧时代之“列帐而居”。一切需用的东西都不能取诸近处，所以“商业”就随之而起。商业既兴，“水陆交通”，就随之便利。

农耕时代，人民的生活程度渐高，所以“衣服”“住居”“器用”“葬埋”，都比古人讲究。农耕时代，人民就都“定住”，而且都有了“储蓄”，就要防人“掠夺”；所以“战争”“守御”的事情，也就随之而起。生活程度既高，“文化”自然发生了，所以就有“文字”。这一节所述，于社会进化情形也是很对的。

第二节　黄帝和蚩尤的战争

三皇时代，君主的传统，还不可考；到五帝时代就不然（就不是紧相承接，也必相去不远）。可见得五帝时代的历史，更比三皇时代明白。咱们现在，就得要提出几件五帝时代的大事来讲讲。其第一件，便是黄帝和蚩尤的战争。

这件事，据《史记·五帝本纪》所载，是：

黄帝者，少典之子（少典：《索隐》“诸侯国号，非人名也。又按《国语》云：少典娶有蟜氏女，生黄帝、炎帝，然则炎帝亦少典之子”），姓公孙，名曰轩辕……轩辕之时，神农氏世衰，诸侯相侵伐，暴虐百姓，而神农弗能征；于是轩辕乃习用干戈，以征不享，诸侯咸来宾从；而蚩尤最为暴，莫能伐。炎帝欲侵陵诸侯，诸侯咸归轩辕；轩辕乃修德振兵……以与炎帝战于阪泉之野，三战然后得其志。蚩尤作乱，不用帝命；于是黄帝乃征师诸侯，与蚩尤战于涿鹿之野，遂禽杀蚩尤；而诸侯咸尊轩辕为天子，代神农氏……（按：阪泉，《集解》引服虔，只说是地名，涿鹿，服虔说是山名，在涿郡[①]；似乎是的。有许多人说在如今的涿鹿县，恐怕是因汉朝在此置了一个涿鹿县，所以附会上去的。）

近来的人说，蚩尤是三苗的酋长，三苗，就是现在所谓的苗族[②]；它占据中国本部，在汉族之先，后来给汉族驱逐掉的。黄帝和蚩尤的战争，就是其中的一事。这句话不很精细。三苗是古代的一个国名，不是种族之名；它的民族，却唤作“黎”；黎族的君主，起初是蚩尤，后来才是三苗（《书·尧典》：“窜三苗于三危。”《释文》：“马、王云：国名也；缙云氏之后为诸侯，盖饕餮也。”《淮南子·修务训》

① 涿郡，涿县——编者注：今河北省涿州市。

② 苗，先汉。苗——蛮，黎——里——俚。蚩尤——三苗。

高诱注："三苗，盖谓帝鸿氏之裔子浑敦，少昊氏之裔子穷奇，缙云氏之裔子饕餮，三族之苗裔，故谓之三苗。"又《书·吕刑》："蚩尤惟始作乱。"《释文》："马云：少昊之末，九黎君名。"《礼记·缁衣》："甫刑曰：苗民弗用灵，制以刑，惟作五虐之刑曰法。"《正义》："按郑注《吕刑》云：苗民，谓九黎之君也。九黎之君，于少昊氏衰，而弃善道，上效蚩尤重刑，必变九黎。言苗民者，有苗，九黎之后，颛顼代少昊诛九黎，分流其子孙，居于西裔者为三苗；至高辛之衰，又复九黎之恶；尧兴，又诛之，尧末，又在朝。舜时，又窜之；后王深恶此族三生凶恶，故著其氏而谓之民[①]。民者冥也，言未见仁道。"据以上几种说法，三苗究竟是饕餮，还是浑敦、穷奇、饕餮三族之后，虽不能定，然而的确是个国名——就是氏族之名，并不含有人民——种族——的意思。《高注》："一曰：放三苗国民于三危也。"就是郑注所谓著其氏而谓之民，也并不是指人民。蚩尤，马融说"少昊之末，九黎君名"，郑玄说"九黎之君，于少昊氏衰，上效蚩尤重刑"，则蚩尤还在少昊以前，似乎郑说为是）。这一族人（君主虽是蚩尤三苗，人民却是九黎）和汉族竞争，从黄帝时代起，直到尧舜时代止（看上文所引《吕刑》郑注，就可明白），不可谓不久；然而曾到黄河流域与否，毫无证据（《吕氏春秋》，尧战

① 著其氏而请之民。

于丹水之浦以服南蛮，也只到今汉水流域）；他的占据江域和汉族的占据河域，孰先孰后，也史无可征；怎能武断说他占据中国本部在汉族之前呢？

这一族人，现在称为苗，乃是蛮字的转音，和古代“三苗”的“苗”字无涉；试看古代“三苗之国”亡后，历代都只有所谓蛮，并无所谓“苗”；从元、明、清以来方渐次改称为“苗”，就更无所谓蛮可知。蛮是古代中国汉人通称南方少数民族之名，其种族的本名，实在是“黎”字。后世都写作“俚”或又写作“里”；《后汉书·南蛮传》：“建武十二年，九真徼外蛮里张游，率种人慕化内属，封为归汉里君。”《注》：“‘里’，蛮之别号（其实是本名），今呼为‘俚人’是也。”这一族人，似乎本来住在中央亚细亚高原，后来沿长江东徙的，何以知道呢？《后汉书·南蛮传》：

昔高辛氏有犬戎之寇，帝患其侵暴，而征伐不克；乃访募天下，有能得犬戎之将吴将军头者，赐黄金万镒，邑万家，又妻之以女。时帝有畜狗，其毛五采，名曰盘瓠；下令之后，盘瓠遂衔人头造阙下；群臣怪而诊之，乃吴将军首也……乃以女配盘瓠。盘瓠得女，负而走入南山，止石室中；经三年，生子一十二人，六男六女；盘瓠死后，因自相夫妻……今长沙武陵蛮是也。

近来有人说：这盘瓠就是盘古[①]。关于盘古的神话，都是苗族所传，汉族误把它拉来，算作自己的；这话很奇而很确。为什么呢？一、盘瓠、盘古，音相同；二、关于盘古的神话，思想和中国别种神话不同；三、汉族古帝，都在北方，独盘古则祠在桂林，墓在南海（见任昉《述异记》）；四、汪宝《晋纪》，范成大《桂海虞衡志》，都说："苗人杂糅鱼肉，叩槽而号，以祭盘瓠。"（《文献通考》引）近人笔记，说广西岩洞中，往往有崇宏壮丽，榜为盘古庙的，庙里奉祀的是盘古和天皇、地皇、人皇；阴历六月初二，相传是盘古生日，远近聚集，致祭极虔（见《地学杂志》）。照此说来，不但盘古是苗族的古帝，连司马贞《补三皇本纪》所列后一说的三皇，也是苗族的古帝了。《遁甲开山图》说天皇被迹在柱州昆仑山下，地皇兴于熊耳龙门山，人皇起于形马（《御览》卷七十八）。柱州，以昆仑山高若天柱然，故名；形马，山名，旧说在蜀（《通鉴外纪》）。据此来看，天皇，人皇，实在是从如今的青海到四川的（昆仑，见前面第一章。熊耳山，在如今河南的卢氏县，龙门山在陕西韩城县、山西河津县——编者注：今陕西韩城市、山西河津市——之间，也和四川的山脉相接）。所以《华阳国志》也说"蜀之为国，肇自人皇"。到三苗时代，就进到左洞庭、右彭蠡的地位了

① 盘瓠传说，今畲民等仍有之。

（《史记·吴起列传》）。《书·尧典》：“窜三苗于三危。”《禹贡》：“导黑水，至于三危，入于南海。”《史记集解》（《夏本纪》）和《通典》（卷一百七十五），引《郑注》道：“《地理志》，益州滇池有黑水祠，而不记此山水所在，今中国无之矣。《地记》曰：三危之山，在鸟鼠之西南，与岷山相连。”则黑水就是如今的金沙江（一者，黑水祠在滇池，滇池是金沙江流域；二者，金沙江古名泸水，“泸”就是“卢”，也就是“玈”，就是“黑”）。三危山，就是如今的巴颜喀拉山脉。三苗是江域之国，把他窜到这个地方，一定是因为三苗是九黎之君，三危是黎族的根据地，叫他去治理，却很相宜，所以《史记》说：“以变西戎。”［《禹贡》：雍梁二州，都以黑水分界；是雍州的西南界，到如今青海木鲁乌苏北岸；梁州的西界，到如今川边这一条水的东岸；断乎没有两条黑水的。入于南海的“海”，是“夷蛮戎狄谓之四海”的海，不是“洋海”的海。当时到金沙江，实在还没到和岷江合流之处，所以就把岷江算作长江的上源。后人凿定了海是洋海的海，就生出许多异说来；却又因为哈剌乌苏，译言黑水，就拿来附会禹贡的黑水；殊不知哈剌译言黑，是句“蒙古话”；这个名词，一定是蒙古人入青海之后才有的。古人所说的山，都是所包甚广，和现在地理学上所谓“山脉”“山系”相当；断没有像志书上所说，仅指一峰一岭的。《水经注》：江水“东过江阳县南——如今四川的泸县——

雒水从三危东，道广魏雒县南——如今四川的广汉县（编者注：今为广汉市）——东南注之”。可见得“三危”二字，所包甚广。《括地志》把它凿定在“敦煌县东南四十里”，就又生出疑问来了。《括地志》这句话，是跟《山海经》“三危在敦煌南”——《水经注》三十一卷引——来的；殊不知《山海经》下文，还有“与岷山相接，南带黑水”两句，所谓在敦煌南，和《说文》说“河水出敦煌塞外昆仑山”一样；因为中国郡县，极尽于此，只得如此说法；并不是说它在敦煌境内，或者极近的地方；不然《汉书·地理志》《续汉书·郡国志》敦煌郡下，为什么都不说有三危山呢？照前文第一章所考据，于阗河的上源有昆仑，河曲的东面，又有昆仑；这两个昆仑，其实原是一山，不过因为一处是汉族发祥之地，一处为西戎所据，所以分出“海内”“海外”罢了。这也是古人所说的山所包甚广的一个证据。这一条例子，讲古代的地理，用处甚大，请诸位牢牢记着。]

第三节　尧舜的禅让

颛顼、帝喾两代，据《史记·五帝本纪》，没有什么实事可述（《史记》系根据《大戴礼》）。大抵这两位君主，功业本不及黄帝、尧、舜，所以《易·系辞》也把他们略掉。

尧舜时代，第一个大问题便是“禅让”；咱们现在且把它提出来研究研究。这件事据《史记》所记，是：

（《五帝本纪》）尧曰：嗟！四岳，朕在位七十载，汝能庸命，践朕位？岳应曰：鄙德，忝帝位。尧曰：悉举贵戚及疏远隐匿者。众皆言于尧曰：有矜在民间，曰虞舜。尧曰：然，朕闻之，其何如？岳曰：盲者子；父顽，母嚚，弟傲，能和以孝，烝烝治，不至奸。尧曰：吾其试哉。于是尧妻之二女，观其德于二女。舜饬下二女于妫汭，如妇礼。尧善之；乃使舜慎和五典，五典能从；乃遍入百官，百官时序；宾于四门，四门穆穆，诸侯远方宾客皆敬。尧使舜入山、林、川、泽，暴风雷雨，舜行不迷；尧以为圣，召舜曰：女谋事至而言可绩三年矣，女登帝位。舜让于德不怿。正月上日，舜受终于文祖；文祖者，尧太祖也。于是帝尧老，命舜摄行天子之政……尧立七十年得舜。二十年而老，令舜摄行天子之政，荐之于天；尧辟位凡二十八年而崩……尧崩，三年之丧毕，舜让辟丹朱于南河之南。诸侯朝觐者，不之丹朱而之舜；狱讼者，不之丹朱而之舜；讴歌者，不讴歌丹朱而讴歌舜；舜曰：天也；夫而后之中国，践天子位焉……

舜子商均亦不肖，舜乃豫荐禹于天；十七年而崩。三年之丧毕，禹乃亦让舜子，如舜让尧子，诸侯归之。然后禹践天子位。尧子丹朱，舜子商均，皆有疆土以奉先祀，服其服，礼乐如之；以客见天子，天子弗臣，示不敢专也。

（《夏本纪》）帝禹立而举皋陶，荐之，且授政焉；而皋陶卒……而后举益任之政。十年帝禹东巡狩，至于会稽而崩，以天下授益。三年之丧毕，益让帝禹之子启，而辟居箕山之阳。禹子启贤，天下属意焉；及禹崩，虽授益，益之佐禹日浅，天下未洽；故诸侯去益而朝启，曰：吾君帝禹之子也；于是启遂即天子之位……

儒家的话，几千年以来，就把它算作历史；然而到底有个刘知几，明目张胆攻它（《史通·疑古篇》）；还有造《竹书纪年》这类书的人，对于儒家的话也是怀疑的（《史记正义》："《括地志》云：故尧城，在濮州鄄城县东北十五里。《竹书》云：昔尧德衰，为舜所囚也。又有偃朱故城，在县西北十五里。"《竹书》云："舜囚尧，复偃塞丹朱，使不与父相见也。"现在的《竹书纪年》，却又是明以来的伪书）。咱们现在，且引几句非儒家的话看看：

《韩非子·外储说》：尧欲传天下于舜，鲧谏曰：不祥哉，孰以天下而传之于匹夫乎；尧不听，举兵而诛杀鲧于羽山之郊；共工又谏曰：孰以天下而传之于匹夫乎？尧不听，又举兵而诛共工于幽州之都；于是天下莫敢言无传天下于舜。

又燕王欲传国于子之也，问之潘寿，对曰：禹爱益而任天下于益，已而以启人为吏；及老而以启为不足任天下，故传天下于益，而势重尽在启也；已而启与友党攻益，而夺之天下。

又《忠孝》：瞽叟为舜父而舜放之，象为舜弟而舜杀之；放父杀弟，不可谓仁；妻帝二女，而取天下，不可谓义。《淮南子·齐俗训》昔有扈氏为义而亡。注：有扈，夏启之庶兄也。以尧舜举贤，禹独与子，故伐启，启亡之。

《韩非子》说得好："孔子、墨子，俱道尧舜，而取舍不同；皆自谓真尧舜，尧舜不复生，将谁使定儒墨之诚乎？"（《显学篇》）非儒家的话，自然不足以服儒家之心；咱们现在，且再就儒家的话，校勘校勘。

一、前文所引的《史记》，和《尚书》《孟子》都是相同的。《史记·孟子列传》："退而与万章之徒，序《诗》《书》，述仲尼之意，作《孟子》七篇。"赵岐《孟子题辞》："通《五经》，尤长于《诗》《书》。"那么，《孟子·万章上篇》所说，一定都是《书》说了（史公、孟子，似乎同用的《书》说；《史记》上和《孟子》相合的话，是同源异流的。未必史迁见过《孟子》）。然而把《尚书》古文家言和今文家言核对，就有不符的地方。《孟子》："帝使其子九男事之，二女女焉。”《尚书大传》：“舜耕于历山，尧妻之以二女，属以九子也。”（《初学记·帝王部》引）这是《尚书》今文家言。《书·皋陶谟》（伪孔分作《益稷》）“无若丹朱敖，惟慢游是好，傲虐是作，罔昼夜頟頟，罔水行舟，朋淫于家，用殄厥世”。《释文》“傲，又作奡”。《说文》奡字下，“《虞书》曰：若丹朱奡，读若傲”。又引“《论语》曰：奡汤舟”。这是古文家言，非儒家言，只有《淮南子·泰族训》“尧属舜以九子”和《孟子大传》相合。此外，《吕氏春秋·去私篇》就说“尧有子十人”。《求人篇》说“尧妻以二女，臣以十子”。《庄子·盗跖篇》又说，“尧杀长子”。《韩非子·说疑篇》：“其在《记》曰：尧有丹朱，而舜有商均，启有五观，商有太甲，武王有管蔡，五王之所诛，皆父子兄弟之亲也。”丹朱被杀，别处都没有证验；然而尧杀掉一个儿子，似乎是真的；这个儿子，恐怕就是奡（参看《癸巳类稿·卷一·奡证》）。

二、《小戴记·檀弓》“舜葬于苍梧之野”，各种书都同的（《大戴记·五帝德》《白虎通·巡狩篇》《淮南子·修务训》《汉书·刘向传》《三国志·薛综传》《吕凯传》。又《小戴记·祭法》“舜勤众事而野死”，《国语·鲁语》同，郑玄、韦昭，都用葬于苍梧之野解释它）。独有《孟子》说：“舜生于诸冯，迁于负夏，卒于鸣条，东夷之人也。”这句话不知哪里来的。按《史记·五帝本纪》“舜耕历山，渔雷泽，陶河滨，作什器于寿丘，就时于负夏”，《索隐》引《尚书大传》“贩于顿丘，就时负夏”。史公、孟子，似乎也是同用《书》说的（“迁于负夏”的迁，作懋迁解）。《史记》下文“南巡狩，崩于苍梧之野，葬于江南九疑，是为零陵”，一定是后人窜录的（《史记》这部书，给后人窜乱的地方极多；请看近人崔适的《史记探源》）。苍梧零陵，到了如今湘粤的边界似乎有被窜逐的嫌疑（刘知几就很疑心它），所以今文家把它讳掉（“今文家”三字，是指经学真有传授的人，并不是指古文既兴以后的今文家。请看末一段）。然而鸣条也是南夷的地方，舜禹果然“雍容揖让”，如何舜会死在这里，讳了半天，似乎还是不能自圆其说［《孟子》赵岐注“诸冯，负夏，鸣条，皆地名，负海也”。这个“海”，是“夷蛮戎狄，谓之四海”的海，正是注释《孟子》“东夷之人也”这一句。《吕氏春秋·简选篇》“殷汤登自鸣条，乃入巢门”，《淮南子·主术训》“汤困桀鸣条，禽之焦门”，《修务训》“汤整兵鸣条，困夏南巢，谯以其过，放之历山”。可见得鸣条和南巢、历山相近，正是所谓“东夷之地”（参看第六章第五节）。《书·汤誓序正义》引“郑玄云：南夷地名”，已经微误。至《书序》“伊尹相汤伐桀。升自陑，遂与桀战于鸣条之野”，这个陑，本来是无可考的，伪孔硬说汤都偃师，桀都安邑，《正义》勉强附会，才生出“陑在河曲之南，鸣条在安邑之西”种种曲说来（参看本卷第四章第二节自明）。还有舜封象于有庳一事，也极为可疑。孟子答万章的话，无论如何，也不能自圆其说。顾炎武就说“上古诸侯之封万国，其时中原之地，必无闲土可以封也”（《日知录》）。然而古人所说万国、三千、千八百，实在是些虚拟之词，并不是真有这些国度（参看本卷第七章）。有庳、苍梧，地极相近；舜放象的地方，就是后来自己逃去的地方，这个疑团，更无从解释了］。

三、《新序·节士篇》：“禹问伯成子高曰：昔者尧治天下，吾子立为诸侯焉；尧授舜，吾子犹存焉；及吾在位，子辞诸侯而耕，何故？伯成子高曰：昔尧之治天下，举天下而传之他人，至无欲也；择贤而与之，至公也……舜亦犹然。今……君之所怀者私也，百姓知之，贪争之端，自此起矣；德自此衰，刑自此繁矣。吾不忍见，是以野处也。”这一段，竟说禹有私天下之心，和孟子答万章的话，大相反背。刘向是个博极群书的人，《新序》又是杂采古书而成的，自然不能谨守家法。这也是今古文家，互相违反的一证（《书·甘誓序疏》：“……盖由自尧舜受禅相承，启独见继父，以此不服，故伐之。”这个说法，也必有所本）。

四、以上都是儒家说话可疑之处，还有他不说话的地方，也很可疑。《史记·伯夷列传》：“夫学者载籍极博，犹考信于六艺；《诗》《书》虽缺，然虞夏之文可知也。尧将逊位，让于虞舜、舜禹之间，岳牧咸荐；乃试之于位；典职数十年，功用既兴，然后授政；示天下重器，王者大统，传天下若斯之难也。而说者曰：尧让天下于许由，许由不受，耻之，逃隐；及夏之时，有卞随、务光者，此何以称焉？太史公曰：余登箕山，其上盖有许由冢云。孔子序列古之仁圣贤人，如吴太伯、伯夷之伦，详矣；余以所闻，由、光义至高，其文辞不少概见，何哉？”太史公这一段文字，是深苦于载籍上的话，和《书》义不合［《尚书》：虞夏同科（见义疏），太史公说“虞夏之文”，是指《尚书》而言可知。“尧将逊位……然后授政”是述《书》义；“尧让天下于许由……何以称焉”，是述非儒家的载籍。“示天下重器……若斯之难也”，与“此何以称焉”句相呼应］，既不能一笔抹杀（因为有许由冢等实迹可证。《五帝本纪赞》：“学者多称五帝，尚矣，然《尚书》独载尧以来，而百家言黄帝，其文不雅驯，荐绅先生难言之。孔子所传宰予问《五帝德》及《帝系》姓，儒者或不传。余尝西至空峒，北过涿鹿，东渐于海，南浮江淮矣，至长老皆各往往称黄帝尧舜之处，风教固殊焉；总之不离古文者近是。”可见得太史公的学问，极注重实验，他亲眼看见了一个许由冢，又听见许多传说，然而六艺无征，自然要委决不下了），而又六艺阙然，无可考信的意思。然而据清朝宋翔凤所考究，许由实在就是伯夷。他说尧舜时的四岳，一共有三起人：第一起就是羲仲、羲叔、和仲、和叔四个。第二起分作八伯，四个是驩兜、共工、放齐、鲧，余无可考。第三起就是伯夷等八人［见《尚书略说》原文，“《周礼疏序》引《尚书》郑注云：四岳，四时之官，主四岳之事，始羲和之时，主四岳者，谓之四伯；至其死，分岳事置八伯，皆王官。其八伯，惟驩兜、共工、放齐、鲧四人而已。其余四人，无文可知矣。按：上文羲和四子，分掌四时，即是四岳，故云四时之官也。云八伯者，《尚书大传》称阳伯、仪伯、夏伯、羲伯、秋伯、和伯、冬伯，其一阙焉。《郑注》以阳伯为伯夷掌之，夏伯弃掌之，秋伯咎繇掌之，冬伯垂掌之，余则羲和仲叔之后，《尧典》注言驩兜四人者，郑以《大传》所言，在舜即真之年，此在尧时，当别自有人，而经无所见，故举四人例之……按：唐虞四岳有三：其始为羲和之四子，为四伯；其后共、驩等为八伯；其后伯夷诸人为之。《白虎通·王者不臣篇》：先王老臣不名，亲与先王勠力共治国，同功于天下，故尊而不名也。《尚书》曰：咨尔伯，不言名也。按：班氏说《尚书》，知伯夷逮事尧，故在八伯之首，而称太岳。《左氏春秋·隐公十一年》，夫许，太岳之胤也。申、吕、齐、许，同祖，故吕侯训刑，称伯夷禹稷为三后，知太岳定是伯夷也。《墨子·所染篇》《吕氏春秋·当染篇》并云：舜染于许由伯阳，‘由’与‘夷’，

‘夷’与‘阳’，并声之转。《大传》之阳伯，《墨》《吕》之许由伯阳，与《书》之伯夷，正是一人。伯夷封许，故曰许由。《史记》：尧让天下于许由（原注‘本《庄子》’）。正附会咨四岳巽朕位之语；百家之言，自有所出。《周语》太子晋称共之从孙四岳佐禹。又云：胙四岳国，命曰侯伯，赐姓曰姜，氏曰有吕。《史记·齐太公世家》云：吕尚……其先祖尝为四岳，佐禹平水土甚有功，虞夏之际，封于吕……姓姜氏。此云四岳，皆指伯夷：盖伯夷称太岳，遂号为四岳，其实四岳非指伯一人也……”］。据他这个说法，尧让天下，就是让之于四岳；和《尧典》“咨四岳，朕在位七十载，汝能庸命，巽朕位”的话正合；然而四岳里三个，倒就在“四罪”之中［《尧典》（伪古文的《舜典》）“流共工于幽州，放驩兜于崇山，窜三苗于三危，殛鲧于羽山，四罪而天下咸服”］，岂不可骇？儒者于此，没有一句话疏通证明；让国的许由，也不提及一字，一任非儒家去传说，这又是什么缘故呢（又《史记·秦本纪》：“秦之先，帝颛顼之苗裔，孙曰女修；女修织，玄鸟陨卵，女修吞之，生子大业。”《正义》：“《列女传》云：陶子生五岁而佐禹，曹大家注云：陶子，皋陶之子伯益也。按此，即知大业是皋陶。”据此，则益是皋陶的儿子，禹要行禅让，而皋陶死后，任政于益，反有世及的意思，这一层也很可疑）？

以上所举几条，不过是彰明较著的；要是仔细搜寻起来，一定还有许多证据。总而言之，“唐虞揖让”“汤武征诛”，都是为公而不为私（孟子所谓“唐虞禅，夏后殷周继，其义一也”）。实在是儒家的学说，并非实有其事。所以儒家是这样说法，别家却并不是这样说法。就是儒家里头，古文家也还时时露出马脚，只有今文家弥缝得完密——这是因为今文家的老祖师，都是亲受口说于孔子，纯粹是儒家的学说；古文家却有些不纯粹的古书做根据。请看近人井研廖氏的《今古文考》，南海康氏的《孔子改制考》，自然明白。咱们因此可以悟到两种道理：

其一，儒家的学说，都是孔子所创造，并没有所谓尧、舜、禹、汤、文、武、周公等圣人。后世实行儒家之学，便是实行孔子之学；其“功罪”“祸福”，一大部分，应当由孔子负其责任［且勿论其为是为非，为功为罪；孔子这个人理想博大；他这学说组织的完密（看《孟子·万章上篇》便见；这一篇的话，都是孔门的“《书》义”，上文已经说过了）却很是可惊；所以当时有一部分人，很佩服他；说他是“集大成”，是“生民所未有”。一小部分的责任，后世的儒家，也应当分负的］。

其二，世界究竟是“进化”的，后世总比古人好。譬如“政体”，断没有后世是“专制”，古时候反有所谓“禅让”之理（其余各事，都是如此；一部历史，都要用这种眼光看）。

第四节　禹的治水

禹的治水，也是当时一大事。水患的原因，《尧典》上只有“汤汤洪水方割，荡荡怀山襄陵，浩浩滔天，下民其咨”二十个字，看不出什么道理来。《吕氏春秋·爱类篇》说“昔上古龙门未开，吕梁未发，河出孟门，大溢逆流；无有丘陵高阜，尽皆灭之，名曰鸿水”，似乎仍旧是河患；但是《吕氏春秋》这句话，是原本《尸子》的（《尸子》已逸，只有辑本，所以现在就引《吕氏春秋》）。尸子是晋国人，他单说龙门吕梁，是就他眼见的地方立论（参看胡渭《禹贡锥指》卷三），再看《淮南子·本经训》“龙门未开，吕梁未发，江淮流通，四海溟涬”，就可以见得当时的水患，实在是“弥漫于中国大平原”之上了。原来古时候，江淮河济诸水都是相通的（这个说法太长，不能细讲；欲知其略，请看孙星衍的《分江导淮论》。《白虎通》：“谓之渎何？渎者，浊也；中国垢浊，发源东注海，其功著大，故称渎也。”《风俗通》引《尚书大传》：“渎，通也；所以通中国垢浊。”《水经·河水注》：“自河入济，自济入淮，自淮达江，水径周通，故有四渎之名。”则四渎之渎字，实在含有“通”“浊”二义；“通”字之中，又含有“通垢浊”同“周通”二义。这都是相传的旧训，绝非郦道元所能造的），所以一有水患，就灾区极广。尧时候的水，据《尧典》看起来，似乎“是多年的积害”，那么，自然情形更重大了。《孟子》上说：

《滕文公上》：当尧之时，天下犹未平：洪水横流，泛滥于天下；草木畅茂，禽兽繁殖；五谷不登，禽兽逼人；兽蹄鸟迹之道，交于中国。

《滕文公下》：当尧之时，水逆行，泛滥于中国；蛇龙居之，民无所定；下者为巢，上者为营窟（《淮南子》也说“民皆上丘陵，赴树木”）。就可以见得当时的情形了。孟子既然是用的《书》说（见上节），这许多话，一定有所受之，不是随口乱道的（这许多话，却不是儒家文饰出来的，因为用不着文饰）。

禹的治水，《史记》总叙他道：“禹乃遂与益、后稷奉帝命，命诸侯百姓，兴人徒以敷土；行山表木，定高山大川……乃劳身焦思，居外十三年（《孟子》说‘禹八年于外’，这些琐细的问题，且别去考据它），过家门不敢入。……陆行乘车，水行乘船，泥行乘橇，山行乘檋；左准绳，右规矩；载四时；以开九州，通九道，陂九泽，度九山；令益予众庶稻，可种卑湿；命后稷予众庶难得之食；食少，调有余相给，以均诸侯。”和《孟子》“舜使益掌火……禹疏九河，瀹济、漯，而注之海；决汝、汉，排淮、泗，而注之江……后稷教民稼穑……”的说法相合。可见得当时治水，实在是禹为主，而益、稷佐之（《史记·殷本纪》载《汤诰》“古禹皋陶，久劳于外”，大概皋陶和益，是父子继业的）。至于治水的法子，大概是疏导诸水，使之各有去路。当时江淮两流域的水，本来都是相通的，就其天然的趋势，叫小水归入大水，大水东流入海，那么，江、淮、河、济四水，就是诸水的纲领，所以这四条水，就唤作四渎（《风俗通·山泽》引《尚书大传》：“江、淮、河、济为四渎。”《汤诰》：“东为江，北为济，西为河，南为淮；四渎既修，万民乃有居。”《孟子》：“水由地中行，江、淮、河、汉是也。”因为当时诸水互通，所谓四渎，不过是举出四条大水，以为诸水之纲领，所以济、汉也不妨互言。然而《孟子》说的意思，也不是凿定，把江、淮、河、汉算作四渎；所以“疏九河”“瀹济、漯”“决汝、汉”“排淮、泗”，又是把江、淮、河、济并举，却因为诸水本来都相通，所以“而注之海”“而注之江”，又不妨互言。大概古人这等观念本不是精密确定的，不必泥定字面，生出许多麻烦的问题来）。禹治水的方法，大概是如此；《孟子》说“水由地中行，江、淮、河、汉是也”，这十一个字，最能概括观念（上句是治水的方法，下句是水的统系）。至于详细的情形，要带起许多麻烦的问题来，现在暂不必讲它［《禹贡》里的地理，有一部分应当讲明的（见本卷第七章）。如要晓得详细的情形，可把胡渭的《禹贡锥指》先看一遍。这部书，虽不很精，然而汇集的说法很多，很容易看；看了这一部，倘要再看别种，也就有门径了］。

第四章　三王时代

第一节　羿的代夏和少康中兴

“三王”就是“三代”，似乎应当算到东周之末；但是《孟子》已经说“三代之得天下也以仁，其失天下也以不仁”；古人所说的“三王”“三代”，大概专指夏殷西周。我如今也图立名的方便，用个“三王时代”来包括夏殷西周三朝，和五帝时代对举。

要讲三王时代的事情，自然要从夏朝讲起。然而禹的治水，已经编入五帝时代；启伐有扈，前面第三章第三节也已经略说；这件事情的详细，是无可考见的；此外夏朝的事情，较为著名的，只有“羿的代夏和少康中兴”。我们现在要讲的这件事，且请先看夏朝的世系图（一、二、三、四等字，系表君位继承；所用的线，是表血统上的统系）。

（一）禹—（二）启—（三）太康
（四）仲康—（五）相—（六）少康
（七）予（《左传》作杼）—（八）槐—（九）芒—（十）泄
（十一）不降—（十四）孔甲—（十五）皋
（十二）扃—（十三）廑
（十六）发—（十七）履癸（就是桀）

据下文看起来，这张图，未必尽可靠；然而现在无可据，只得姑且照它。

羿的代夏和少康中兴，是夏朝著名的事，却又是一个考据问题。这件事，《史记》上只有“帝太康失国。昆弟五人，须于洛汭，作五子之歌”十八个字，和《书序》相同，其余一概不提。《伪古文尚书》说：“太康尸位以逸豫，灭厥德，黎民咸贰。乃盘游无度，畋于有洛之表，十旬弗反；有穷后羿，因民弗忍，距于河。厥弟五人，御其母以从，徯于洛之汭；五子咸怨，述大禹之戒以作歌。”伪古文的不可信，无待于言；这一篇，尤其荒谬可笑。别的且勿论，各种书上都说太康兄弟五人，它却说“厥弟五人”，那么，连太康倒有六个了。羿的代夏，详见于《左传·襄公四年》和《哀公元年》，咱们现在，且把它抄在下面。

……昔有夏之方衰也：后羿自鉏，迁于穷石，因夏民以代夏政，恃其射也，不修民事，而淫于原兽。弃武罗、伯因、熊髡、厖圉，而用寒浞（**《杜注》：寒国，北海平寿县东有寒亭，如今山东的潍坊市**）；寒浞，伯明氏之谗子弟也；伯明后寒弃之，夷羿收之；信而使之，以为己相。浞行媚于内，而施赂于外；愚弄其民，而虞羿于田；树之诈慝，以取其国家。羿犹不悛，将归自田，家众杀而烹之（**《孟子·离娄下篇》：逢蒙学射于羿，尽羿之道；思天下惟羿为愈己，于是杀羿**），以食其子；其子不忍食诸，死于穷门。靡奔有鬲氏（**《杜注》：今平原鬲县。如今山东的德县——编者注：今德州市**），浞因羿室，生浇及豷。恃其谗慝诈伪，而不德于民。使浇用师，灭斟灌及斟寻氏（**《杜注》：二国，夏同姓诸侯；仲康之子后相所依。乐安，寿光县东南有灌亭。如今山东的寿光县——编者注：今寿光市。北海平寿县东南有斟亭。如今山东的潍县——编者注：今潍坊市**）。处浇于过（**《杜注》：东莱掖县北有过乡。如今山东的掖县——编者注：今莱州市**），处豷于戈（**《杜注》：戈，在宋郑之间**）。靡自有鬲氏收二国之烬，以灭浞而立少康；少康灭浇于过，后杼灭豷于戈；有穷由是遂亡，失人故也。昔周辛甲之为太史也，命百官，官箴王阙。于虞人之箴曰：芒芒禹迹，画为九州。经启九道，民有寝庙，兽有茂草，各有攸处，德用不扰。在帝夷羿，冒于原兽；忘其国恤，而思其麀牡；武不可重，用不恢于夏家。兽臣司原，敢告仆夫……（《襄公四年》魏绛告晋悼公的话）

……昔有过浇，杀斟灌以伐斟鄩，灭夏后相；后缗方娠（《杜注》：后缗，相妻），逃出自窦，归于有仍（梁履绳《左通补释》，《春秋·桓公五年》天王使仍叔之子来聘，《穀梁》经传并作任叔。仍、任声相近，或是一地……按《地理志》，东平有任县，盖古仍国。如今直隶邢台县附近——编者注：今河北邢台市。《杜注》：后缗，有仍氏女），生少康焉；为仍牧正；惎浇能，戒之。浇使椒求之（《杜注》：椒，浇臣）；逃奔有虞（《杜注》：梁国有虞县。如今河南的虞城县），为之庖正，以除其害。虞思于是妻之以二姚，而邑诸纶（《杜注》：纶，虞邑）；有田一成，有众一旅；能布其德，而兆其谋；以收夏众，抚其官职；使女艾谍浇（《杜注》：女艾，少康臣），使季杼诱豷（《杜注》：季杼，少康子后杼也）。遂灭过戈，复禹之绩；祀夏配天，不失旧物……（《哀公元年》伍员谏吴夫差的话）

以上都只说羿的代夏和少康中兴；至于太康为什么失国，始终没有提及。我们再看：

《墨子·非乐》：于武观曰：启乃淫溢康乐，野于饮食，将将铭苋，磬以力。湛浊于酒，渝食于野，万舞翼翼，彰闻于大，天用弗式。

《逸周书·尝麦》：其在启之五子，忘伯禹之命，假国无正，用胥兴作乱，遂凶厥国。皇天哀禹，赐以彭寿，思正夏略。

《墨子》的话，不甚可解；然而“湛浊于酒，渝食于野，万舞翼翼”十二个字，大概是说“饮食”“作乐”的。“彰闻于大”的“大”字，惠氏栋说是“天”字之误（见江声《尚书集注音疏》），也大概不错（其余不必强解）。合着《墨子》和《逸周书》看起来，似乎夏之亡，由于沉湎于酒，又好饮食，又好音乐；其事起于启，而亡国却在他五个儿子手里。“胥兴作乱”四个字，不知道是什么事；彭寿是什么人，也不可考（《竹书纪年》：“帝启十一年，放王季子武观于西河。十五年，武观以西河叛，彭伯寿率师征西河，武观来归。”就是据着《逸周书》伪造的，惠氏以为可信，就差了。武观就是五观，据下文所考，确是五个人，不是一个人）。还有《楚辞》的《离骚》，有几句，却像总述这件事的始末的：

启九辩与九歌兮，夏康娱以自纵。不顾难以图后兮，五子用失乎家巷。羿淫游以佚畋兮，又好射夫封狐。固乱流其鲜终兮，浞又贪夫厥家。浇身被服强圉兮，纵欲而不忍。日康娱而自忘兮，厥首用夫颠陨。

“五子”就是武观，为什么呢？《楚语》，“启有五观”（《书·甘誓》疏引作“夏有观扈”，看韦注，似乎《书》疏是错的），韦昭注“启子，太康昆弟也”；《汉书·古今人表》：“太康，启子，昆弟五人，号五观。”《潜夫论·五德志》：“启子太康仲康更立，兄弟五人，皆有昏德，不堪帝事，降在洛汭，是为五观。”诸说皆同。“武”“五”是一声之转。那么，为什么要称观呢？《水经·巨洋水》注：“国语曰：启有五观，谓之奸子。五观，盖其名也。所处之邑，其名曰观。”《左传·昭公元年》“夏有观扈”，杜注：“观国，今顿丘卫县。”卫县，就是如今山东的观城县（编者注：今观城镇）。然而依我看来，这话未必可信。为什么呢？（一）观城绝不能称为洛汭，《书序》虽不可靠，然而这一篇却和《史记》《潜夫论》都相合，没有反对证据，不便就疑心它。（二）卫县是后汉的卫国，前汉名为畔观；杜预的注，似乎有点牵合。（三）古人注文用个盖字，都是疑辞；郦道元说“盖其名也”，可见也只是推测，不敢确定。所以我说“夏有观扈”的观究竟在什么地方没有考据清楚，且不必把它来和太康兄弟五人牵合。然则太康兄弟五人，究竟在什么地方呢？我说且算他们在洛汭。他们为什么要在洛汭呢？他们居洛汭之前又在何处呢？这两个问题，却不能有圆满的解答；我且引证一个人的话，来做一个推测。

金鹗《禹都考》（《求古录礼说·卷四》）：世言禹都安邑，其误始于皇甫谧《帝王世纪》，郦道元浍水注因之；近洪氏颐煊，谓禹都阳城，不都安邑，足以证其谬矣；然其所考犹未详也。鹗窃疑禹都有二：其始都在阳城，而其后乃都于晋阳。按《汉书·地理志》，颍川郡阳翟，夏禹国。应劭曰：夏禹都也。臣瓒曰：《世本》言禹都阳城，《汲郡古文》亦云居之，不居阳翟也。师古曰：阳翟本禹所受封耳，应瓒之说皆非。洪氏颐煊谓阳城亦属颍川郡，与阳翟之地相近；或当日禹所都阳城，本在阳翟，故《汉志》云。鹗考《史记·夏本纪》，禹避舜子于阳城，诸侯皆去商均朝禹，于是即天子位；知其遂都阳城，盖即所避之处以为都也。赵岐《孟子》注，阳城在嵩山下；《括地志》嵩山，在阳城县西北二十三里；则阳城在嵩山之南，今河南府登封县是也。若阳翟，今在开封府禹州，其地各异。《汉书·地理志》，于偃师曰：殷汤所都；于朝歌曰：纣所都，于故侯国皆曰国；今阳翟不曰夏禹所都，而曰夏禹国，可知禹不都阳翟矣……然《左传·

定公四年》祝佗谓唐叔，封于夏虚，启以夏政；例以上文康叔封于殷虚，启以商政，则禹之都即唐国也。唐国在晋阳：《汉书·地理志》太原郡晋阳，故诗唐国，周成王灭唐，封弟叔虞。杜预注《左传》云：夏虚，大夏，今太原晋阳是也；本于《汉志》，其说自确。《水经》云：晋水出晋阳县西县瓮山。郦道元注，县，故唐国也；亦本《汉志》。乃臣瓒以唐为河东永安，张守节以为在平阳；不知唐国有晋水，故燮父改唐曰晋；若永安去晋四百里，平阳去晋七百里，何以改唐曰晋乎？唐定在晋阳，今山西太原府是也。又郑康成《诗谱》云：魏国，虞舜夏禹所都之地。魏与唐相近，同在河北冀州；故《左传·哀公六年》引《夏书》云：惟彼陶唐，帅彼天常，有此冀方；今失其行，乱其纪纲，乃灭而亡。服虔以为尧居冀州，虞夏因之；此皆禹都在河北之证也；但在晋阳，不在安邑；皇甫谧、郦道元以安邑为禹都，此为谬耳……

我以为古代的事情，都不过传得一个大略；都邑之类亦然，不过大略知道它在什么地方；区区计较于数十百里之间，实在是白费心血的，所以阳城到底是在登封，还是在禹县，这个问题，暂可不必较量。至于所论禹都晋阳一层，实在非常精确。禹都河北这一层，造伪书的人，也似乎知道的；不过知道得不甚精确；他脑筋里，只有一个“魏国夏禹所都”的观念；

见战国时的魏，是都安邑，就以为安邑必是禹都；禹都既在安邑，桀都也就在安邑了；桀都既在安邑，就连鸣条也搬到河北去了；辗转牵率，就闹出绝大笑话（见下节）。然而禹都虽不在安邑，却不害其为在晋阳；并且“惟彼陶唐……乃灭而亡”几句《夏书》，怕确也是指太康亡国的；不过造伪书的人，不应当把兄弟五人改作“厥弟五人”；再把这几句《夏书》硬栽在他口里，算是他所作的歌罢了。这样看来，太康似乎是本居晋阳，失了国，逃到洛汭的；当时还离河北不远，到后来，才给寒浞等愈逼愈东，以至于灭亡。少康虽灭寒浞，曾否恢复河北却是一个疑问；所以桀之都，又在河南了（见下节）。然则后羿又是从什么地方来的呢？《左传》说“后羿自鉏迁于穷石”；《淮南子·地形训》“弱水，出自穷石”，高诱注：“穷石，山名也。在张掖北，塞水也。”似乎太远些。然而尧本都冀州，羿在尧手里就是射官（见《淮南子》），是个西北之国，却也不足为怪。难道羿是从西北塞外侵入的吗（看春秋时候的情形，便知道如今的山西省，在古代强半是戎狄占据之地。又夏好音乐，羿好田猎，也似乎一个是久居开明地方的人，一个是从塞外侵入的）？这个实在证据不足，只可存为一种推测罢了。

第二节 夏殷的兴亡

夏朝从少康以后，无事可见。《史记》说：孔甲“好方鬼神，事淫乱，夏后氏德衰；诸侯畔之”。又说：“自孔甲以来，而诸侯多畔夏；桀不务德而武；伤百姓，百姓弗堪。乃召汤而囚之夏台，已而释之；汤修德，诸侯皆归汤；汤遂率兵以伐夏桀；桀走鸣条，遂放而死。”那么，夏朝的衰弱，是从孔甲时候起，至桀而灭亡的。

《史记》记夏殷兴亡的事：

> 自契至汤，八迁，汤始居亳，从先王居……汤征诸侯：葛伯不祀，汤始伐之……当是时：夏桀为虐政，淫荒；而诸侯昆吾氏为乱，汤乃兴师；率诸侯；伊尹从汤；汤自把钺，以伐昆吾；遂伐桀……于是汤曰：吾甚武，号曰武王。桀败于有娀之虚；桀奔于鸣条；夏师败绩；汤遂伐三朡，俘厥宝玉……于是诸侯毕服，汤乃践天子位。平定海内。汤归至于泰卷陶，中𫋲作诰。既绌夏命，还亳……

这一段事情，须把它的地理考核清楚，才能知道当日战争的形势。按上文所见的地名，是（一）亳，（二）葛，（三）昆吾，（四）有娀之虚，（五）鸣条，（六）三朡，（七）泰卷陶；除有娀之虚无可考外，其余的，我都考核如下：

亳的说法，最为麻烦。据《书经正义》所引：

（一）郑玄云：亳，今河南偃师县有汤亭（《帝喾厘沃序疏》）。

（二）《汉书音义》：臣瓒者云：汤居亳，今济阴亳县是也（同上）。

（三）杜预云：梁国蒙县北有亳城（同上）。

（四）皇甫谧云：《孟子》称汤居亳，与葛为邻，葛伯不祀，汤使亳众往为之耕。葛，即今梁国宁陵之葛乡也；若汤居偃师，去宁陵八百余里，岂当使民为之耕乎？亳，今梁国谷熟县是也（同上）。又《立政》"三亳阪尹"疏：皇甫谧以为三亳，三处之地，皆名为亳；蒙为北亳，谷熟为南亳，偃师为西亳。

（五）郑玄以三亳阪尹，共为一事；云：汤旧都之民服文王者，分为三邑；其长居险，故言阪尹。盖东成皋，南轘辕，西降谷也（江氏声，《尚书集注音疏》说"降"是"函"之音转，降谷，就是函谷）。

这所引诸说，《立政》和《帝喾厘沃序疏》的《正义》，都说不能定其是非。咱们当考核之初，有一件事应当注意，就是三亳是周初的事，不能和汤时的亳，并为一谈。皇甫谧的错误，就出在这里；他硬把周初的三亳，和商汤时候的亳，并为一谈；把蒙、谷熟区区地方，硬分作南北两亳，去配偃师的西亳；这个，清朝的王鸣盛氏驳得最痛快，他说（《尚书后案》卷六）：

盖薄县者，汉本属山阳郡，后汉又分其地置蒙、谷熟二县，与薄并改属梁国；晋又改薄为亳，且改属济阴；故臣瓒所谓汤都在济阴亳县者，即其所谓在山阳薄县者也（按《汉书·地理志》山阳郡薄县下，“臣瓒曰：汤所都”。其“汤居亳今济阴亳县是也”，见于河南郡偃师县下）；亦即司马彪所谓在梁国薄县（按《续汉书·郡国志》，薄县下“汤所都”）；杜预所谓在蒙县北亳城者也；而亦即皇甫谧所分属于蒙、谷熟者也；本一说也，孔颖达《书诗疏》（按《诗·商颂·玄鸟疏》），皆误认为异说，其谬已甚……而皇甫谧巧于立说，又以一薄分为南北二亳，且欲兼存偃师旧说，以合《立政》三亳之文；不知《立政》三亳，郑解谓迁亳之民而分为三；亳本一耳，安得有三；皇甫谧之谬如此……

这个说法，精核极了；但是王鸣盛是一生“佞郑”的，他就一口断定亳在偃师，而于皇甫谧去葛太远，不便代耕之说，却只把“其说浅陋，更不足辨矣”九个字，轻轻撇过，这个却也未足服人（皇甫谧的话，大概是信口开河，没有一句可据的。但是这一驳，却不能全说他无理）。

我说古人的“城名”和“国名”，是分不开的；“国名”自然不能随时变换，所以新迁了一个都城，大概就把旧都城的名字，做它的名字（譬如晋国的新绛故绛）。商朝是随便搬到什么地方，都城都唤作亳的；所以“所谓亳的地方”，实在很多；但是当成汤时，考核得出来的，却刚刚有三处：

（一）是如今陕西的商县（编者注：今商州区）。这个是魏氏源《书古微》上说的（《汤誓序发微》）。他所举最强的理由是：（1）《书序》“汤始都亳，从先王居”，先王就是契（《周语》：“玄王勤商，十有四世而兴。”韦昭注：“玄王，契也。”据《史记》世系来看，契到汤，恰好十四世。又《商颂毛传》，也说玄王是契。《伪孔传》说先王是帝喾，实在大错了）；契封于商（《书帝喾厘沃序疏》：“郑玄云：契本封商国在太华之阳”）。（2）《诗·商颂》疏引《雒子命》（《书纬》）“天乙在亳，东观于洛”。《艺文类聚》引《尚书中候》，“天乙在亳，诸邻国襁负归德；东观于洛，降三分璧”。亳一定在洛之西，才可说东观。（3）《史记·六国表序》：“或曰：东方物所始生，西方物之成孰；夫作事者必于东南，收功实者常于西北；故禹兴于西羌；汤起于亳；周之王也，以丰镐伐殷；秦之帝，用雍州兴；汉之兴，自蜀汉。”

看他所连类并举的，就可以知道亳一定在雍州境内。

（二）就是偃师，这个，班固（《汉书·地理志》，河南郡偃师县，“有尸乡，汤所都”）、刘昭（《续汉书·郡国志》，河南郡偃师县注引《皇览》，“有汤亭，有汤祠”，又“尸乡，在县西三十里”）说法，都和郑玄相同。依我看起来，还有一条证据：《孟子》：“伊尹耕于有莘之野。”《史记》：“阿衡欲干汤而无由，乃为有莘氏媵臣。”有莘是周太姒的母家，在如今陕西合阳县。《吕氏春秋·本味篇》：“有侁氏……得婴儿于空桑……居伊水，命之曰伊尹。”伊尹见汤的时候在有莘，后来居于伊水，就是汤始居商县，后居偃师的旁证。

（三）就是汉朝的薄县，后来又分置蒙、谷熟，地当今河南商丘、夏邑、永城三县之境。这个班固于薄县下，虽没有说是汤所都；然而后文论宋地，说：“昔尧作游成阳，舜渔雷泽，汤止于亳；故其民犹有先王遗风：重厚，多君子；好稼穑，恶衣食，以致蓄藏。”王鸣盛硬说止字是“游息”；然而古人说“某某之遗风”，都是指他久居之地，不是指他游息之地（《汉书·地理志》本身就处处是证据）。不能如此曲解；况且孟子的话，就是一个大证据；岂能袒护着郑康成，反疑心孟子（《孟子》中所用的，都是《书》说，是有传授的，上章已经证明了）。

然则当汤的时候，既然有这三处可指为亳，汤到底是先住在哪一个亳，后来才迁居到哪两个亳的呢？要解决这个问题，就得一考当时用兵的形势。上文《史记》所举汤用兵之地是：

葛（《汉书·地理志》，陈留郡宁陵下，孟康曰：故葛伯国，今葛乡是。如今河南的宁陵县）；

昆吾（昆吾有两处：一是《左传·昭公十二年》，“昔我皇祖伯父昆吾，旧许是宅”。是如今河南的许昌县——编者注：今许昌市建安区。一是《哀公十七年》，“卫侯梦于北宫，见人登昆吾之观”。《注》：“卫有观，在古昆吾之虚，今濮阳城中。”是如今直隶的濮阳县。桀时的昆吾在旧许，见后）；

鸣条（见第三章第三节）；

三朡（《续汉书·郡国志》，济阴郡定陶，有三鬷亭。如今山东的定陶县——编者注：今定陶区）；

泰卷陶（《书序》，汤归自夏至于大坰。仲虺作诰。《史记索隐》：“……卷当为坰……解尚书者以大坰今定陶……旧本或旁记其地名，后人转写，遂衍斯字也。”又《左传·定公元年》“仲虺居薛”，薛是如今山东的滕县——编者注：今滕州市）。

又《诗·商颂》：“韦顾既伐，昆吾夏桀。”则汤当伐桀之前还伐过韦、顾两国；韦在如今河南的滑县（《左传》注“东郡白马县有韦城”，《郡国志》作韦乡。《通典》：滑州韦城县，古豕韦国），顾在如今山东的范县（《郡县志》：顾城，在濮州范县东二十八里，夏之顾国——编者注：今属河南）。

又桀的都城，《伪孔传》说在安邑。《书序》："伊尹相汤伐桀，升自陑。"他说："汤升道从陑，出其不意；陑在河曲之南。"（《正义》："盖今潼关左右。"）"遂与桀战于鸣条之野。"他说："地在安邑之西，桀逆拒汤。"皇甫谧就再连昆吾也拉到安邑来，说："今安邑见有昆吾邑，鸣条亭。"然而昆吾所在，证据确凿，苦于不能一笔抹杀，就说明"昆吾亦来安邑，欲以卫桀，故同日而亡"。如此信口开河，真乃千古笑柄。金氏鹗据《史记》吴起对魏武侯说"夏桀之居：左河济，右太华，伊阙在其南，羊肠在其北"。《国语》："幽王二年，西周三川皆震，伯阳父曰：周将亡矣，昔伊洛竭而夏亡，河竭而商亡。"断定桀之都在洛阳，韦注引禹都阳城，还不密合（《求古录礼说·卷六·桀都安邑辨》）。我说：古人都邑所在，不过传得个大略（见上节），阳城、洛阳，数十百里之间，实在无从硬断。《小戴记·缁衣》引尹吉（就是《尹诰》，《书经》篇名。序书的又把它唤作《咸有一德》，见《郑注》）"惟尹躬天见于西邑夏"。《注》："天当为先字之误。……夏之邑，在亳西。"《正义》："按《世本》及《汲冢古文》云：禹都咸阳……"咸阳，是误字，如今《汉书·地理志》注引《世本》、《续汉书·郡国志》引《汲冢古文》，正作阳城，"西邑夏”，似乎是对于东迁的夏而言之。《国语》史伯对郑桓公曰：“昆吾为夏伯矣。”韦昭注：“祝融之孙陆终第三子，名樊，为己姓，封于昆吾。昆吾，卫是也。其后夏衰，昆吾为夏伯，迁于旧许。”据此，桀似乎是始都阳城，后迁旧许，同昆吾在一起的；所以同日而亡（《商颂郑笺》）。

再看《逸周书·殷祝篇》：“汤将放桀于中野；士民闻汤在野，皆委货，扶老携幼奔，国中虚……桀与其属五百人，南徙千里，止于不齐；不齐士民，往奔汤于中野……桀与其属五百人徙于鲁，鲁士民又奔汤……桀与其属五百人去居南巢……”就可以知道桀的踪迹，是步步往东南退的（《御览》八十三引《尚书大传》略同）。

桀既然是往东退，汤自然是往东进；那么，一定是先都商县的亳，再都偃师的亳，再都邻葛的亳的。不过，“既绌夏命还亳”的亳，却无从断定其在哪一处（因为他随便到什么地方，都把它唤作亳，所以不敢断定这亳是灭桀以前最后所住的亳。何以知道他随便到什么地方，都把它唤作亳呢？据上文所考证，当汤的时候，就有三个亳，是一个证据；《左传·襄公二十年》“乌鸣于亳社”，是宋国的社，还唤作亳社。《史记·秦本纪》：“宁公二年……遣兵伐荡社；三年，与亳战，亳王奔戎，遂灭荡社。”《集解》：“徐广曰：荡音汤，社，一作杜。”《索隐》：“西戎之君，号曰亳王，盖成汤之胤。

其邑曰荡社。徐广云：作汤杜，言汤邑在杜县之界，故曰汤杜也。”《封禅书》：“于社，亳有三社主之祠。”《索隐》：“徐广云：京兆杜县有亳亭，则社字误，合作杜亳。”《说文》：亳，“京兆杜陵”。是汤之后在雍州所居的城，还唤作亳。是两个证据。所以我只说汤的时候，考得出的亳有三处。并不敢说汤的时候，亳只有三处）。

然而汤用兵的形势，却因此可以推定。[①]

汤初都于今商县的亳，后来进取偃师；桀大约是这时候（或者不是）弃阳城，退到旧许；汤再进到现在河南的东境（邻葛的亳）；从此以后，伐葛，伐韦，伐顾，然后迥向南伐昆吾。伐昆吾，就是伐桀；桀是从中野、不齐、鲁，步步东南退，最后逃到鸣条；汤以其间，又伐三朡。

鸣条是东夷之地；三朡、鲁，也是和东夷逼近的（参看本卷第六章第五节。中野、不齐无可考）。我们因此悟到：汤用兵的形势，实在和周初相同；不过周朝灭纣，东征，伐淮夷，是武王、周公、成王三世相继，汤却是一个人干的罢了（《孟子·滕文公篇》：“汤始征，自葛载，十一征而无敌于天下。”《赵注》：“载，始也……一说，言当作再字；再十一者，汤再征十一国；再十一，凡征二十二国也。”不论十一、二十二，总之汤用兵的次数很多）。

① 商用周兵形势相类，秦亦相类。

第三节　商朝的事实

（一）契—（二）昭明—（三）相土—（四）昌若—（五）曹圉—（六）冥

（七）振—（八）微—（九）报丁—（十）报乙—（一一）报丙

（一二）主壬—（一三）主癸—（一四）天乙（**是为成汤**）
- 太丁
- （一五）外丙
- （一六）中壬

（一七）太甲—（一八）沃丁

（一九）太庚
- （二十）小甲
- （二一）雍己
- （二二）太戊（**中宗**）
  - （二三）中丁
  - （二四）外壬
  - （二五）河亶甲

（二六）祖乙
- （二七）祖辛—（二九）祖丁
- （二八）沃甲—（三十）南庚

- （三一）阳甲
- （三二）盘庚
- （三三）小辛
- （三四）小乙—（三五）武丁（**高宗**）
  - （三六）祖庚
  - （三七）祖甲
    - （三八）廪辛
    - （三九）庚丁

（四十）武乙—（四一）太丁—（四二）乙—（四三）辛（**天下谓之纣**）

以上商朝的帝系图，是据《国语》“玄王勤商，十有四世而兴；帝甲乱之，七世而陨”，又姜氏告公子重耳，“商之享国三十一王”。《大戴礼·保傅篇》：“殷为天子，三十余世，而周受之。”《少闲篇》：孔子告哀公“成汤卒崩，二十一世，乃有武丁即位；武丁卒崩，九世，乃有末孙纣即位”。都和《史记》世数相合。又《书经·无逸篇》述殷中宗、高宗、祖甲诸君享国的年数，似乎也还确实。

商朝一代，可考见的事情，分述如下：

其一是伊尹放太甲。《史记》上说：

> 汤崩，太子太丁，未立而卒。于是乃立太丁之弟外丙……即位三年崩。立外丙之弟中壬……即位四年崩。伊尹乃立太丁之子太甲；太甲，成汤適长孙也……帝太甲元年，伊尹作《伊训》《肆命》《徂后》。帝太甲既立三年，不明，暴虐，不遵汤法，乱德；于是伊尹放之于桐宫三年。伊尹摄行政，当国以朝诸侯。帝太甲居桐宫三年，悔过，自责反善；于是伊尹乃迎帝太甲而授之政。

这件事，本来没有异说，伪古文《太甲》才说“王徂桐宫居忧”，又说“惟三祀十有二月朔，伊尹以冕服奉嗣王归于亳”；《伪传》就说“汤以元年十一月崩，至此二十六月，三年服阕”；又解《书序》的“太甲元年”，做“汤没而太甲立称元年”；伪《伊训》：“惟元祀，十有二月，乙丑，伊尹祠于先王”，做“汤崩逾月，太甲即位，奠殡而告”以就之；就把外丙、中壬两君革去，又把《史记》的“太甲既立三年”“于是伊尹放之于桐宫三年”，两个“三年”缩成一个三年了。这是不值得一辩的（但看上文商朝的世数，各书都与《史记》合，就知道绝不能略去外丙、中壬两君）。商朝的“君位继承”，大概是“兄终弟及”，而所谓“弟”者，以“同母”为限，所以《春秋繁露》（《三代改制质文篇》）说：“商质者主天，夏文者主地……主天者法商而王……故立嗣予子，笃母弟……主地法夏而王……故立嗣与孙，笃世子。”《公羊》何注（《隐公七年》）说：“母弟，同母弟；母兄，同母兄……分别同母者，《春秋》变周之文，从殷之质；质家亲亲，明当厚异于群公子也。”《史记》：“自中丁以来，废適而更立诸弟子；弟子或争，相代立。”“废適”的“適”字，包括“弟”与“子”而言；和“诸弟子”的“诸”字一样。以次当立的母弟，唤作“適弟”；同母的弟兄，依次都立尽了，似乎应当回转来，立长兄的儿子；譬如，中壬死了立太甲，沃丁死后立祖丁；这个也要包括于“適子”二字之中。至于伊尹“摄行政，当国，以朝诸侯”，自然是非常之举，与所谓“古之人皆然”的“君薨，百官总己，以听于冢宰三年”无涉［《论语·宪问》《小戴记·檀弓》。因为他在三年以外。桐宫，《史记集解》"郑玄曰：地名也，有王离宫焉"。《孟子》赵岐注（《万章上》）也只说"放之于桐邑"。《史记正义》："《晋太康地记》云：尸乡南有亳阪，东有城，太甲所放处也。"阎若璩又说——《尚书古文疏证》——《续汉书·郡国志》梁国虞县有桐亭，虞是如今河南的虞城县，离邻葛的亳，只有七十里。才便于伊尹，既然摄政，又可往来训诲。这两说怕都是因亳而附会的，未必可据]。

其二是殷朝的屡次迁都。据《史记》所记是：

中丁迁于敖［《书序》作嚣，《正义》李颙曰：嚣，在陈留浚仪县（如今河南省城西北）。皇甫谧云：中丁自亳迁嚣，在河北也。或曰：今河南敖仓（就是《括地志》的说法），二说未知孰是。《史记正义》："《括地志》云：荥阳故城，在郑州荥泽县西南十七里，殷时敖地也"］。

河亶甲居相（《史记正义》："《括地志》云：故殷城，在相州内黄县东南十三里。即河亶甲筑都之所，故名殷城也"）。

祖乙迁于邢（《书序》作"祖乙圮于耿"，《正义》："郑玄云：祖乙又去相居耿，而国为水所毁；于是修德以御之，不复迁也……"又《正义》前文说皇甫谧"又以耿在河东，皮氏县耿乡是也”。《史记索隐》“邢近代本亦作耿，今河东皮氏县有耿乡”。《正义》“《括地志》云：绛州龙门县东南十二里耿城县。故耿国也”）。

帝盘庚之时，殷已都河北。盘庚渡河南，复居成汤之故居……乃遂涉河南，治亳（按：这个亳，就是偃师，见上节）……

……武乙立，殷复去亳，徙河北（这个河北，不能确定其在什么地方。《史记·项羽本纪》：“乃与期洹水南殷虚上。”《集解》：“骃按应劭曰：洹水，在汤阴界，殷虚，故殷都也。瓒曰：洹水，在今安阳县北，去朝歌殷都一百五十里；然则此殷虚非朝歌也。”有人疑心这殷墟是武乙所迁，然亦无确据）。

其中考得出理由的，只有《书·盘庚序正义》引“郑玄云：祖乙居耿后，奢侈逾礼，土地迫近山川，尝圮焉；至阳甲立，盘庚为之臣，乃谋徙居汤旧都”。又《序注》云：“民居耿久，奢淫成俗，故不乐徙。”此外都无可考见（《书·盘庚》“盘庚迁于殷”。《正义》：“郑玄云：商家自徙此而号曰殷，郑以此前未有殷名也。”“于今五邦”，《释文》“马云：五邦，谓商丘、亳、嚣、相、耿也”。《正义》：“郑、王皆云：汤自商徙亳，数商、亳、罴、相、耿为五”）。

其三是殷朝的兴衰。据《史记》说是：

（太甲）帝太甲修德，诸侯咸归殷，百姓以宁。

（雍己）殷道衰，诸侯或不至。

（太戊）殷复兴，诸侯归之。

（河亶甲）殷复衰。

（祖乙）殷复兴。

（阳甲）帝阳甲之时，殷复衰；自中丁以来，废適而更立诸弟子，弟子或争，相代立，比九世乱，于是诸侯莫朝。

（盘庚）殷道复兴，诸侯来朝。

（小辛）殷复衰。

（武丁）武丁修政行德，天下咸欢，殷道复兴。

（帝甲）淫乱，殷复衰。

（帝乙）殷益衰。

大抵所谓兴衰，以诸侯之朝不朝为标准。其中中衰的原因，只有从中丁到阳甲，是由于内乱，可以考见，此外都无从稽考了。

第四节　商周的兴亡

周朝的先世，便是大家所知道的后稷，《史记》上说：

周后稷，名弃，其母有邰氏女，曰姜嫄……帝尧闻之，举弃为农师，天下得其利，有功。帝舜曰：弃，黎民始饥，尔后稷，播时百谷；封弃于邰（如今陕西的武功县）；号曰后稷。别姓姬氏。后稷之兴，在陶唐虞夏之际，皆有令德。后稷卒，子不窋立，不窋末年，夏后氏政衰，去稷不务，不窋以失其官，而奔戎狄之间。

这其间要注意的，便是“后稷卒，子不窋立”的后稷，是最后居稷官的，并不是“封弃于邰，号曰后稷”的后稷。不窋以后的世系，《史记》所载如下：

不窋——鞠——公刘——庆节——皇仆——差弗——毁隃——公非——高圉——亚圉——公叔祖类——古公亶父（追尊为大王）——季历（是为公季，追尊为王季）——昌（是为西伯，西伯曰文王）。

它所述的事迹是：

> 公刘虽在戎狄之间，复修后稷之业。务耕种，行地宜，自漆沮渡渭，取材用；行者有资，居者有畜积，民赖其庆，百姓怀之，多徙而保归焉。周道之兴自此始……公刘卒，子庆节立，国于豳（**如今陕西的彬县**）……古公亶父，复修后稷公刘之业。积德行义，国人皆戴之。熏育戎狄攻之……乃与私属遂去豳度漆沮，逾梁山，止于岐下（**如今陕西的岐山县**）。豳人举国扶老携弱，尽复归古公于岐下；及他旁国闻古公仁，亦多归之。于是古公乃贬戎狄之俗，而营筑城郭室屋，而邑别居之。作五官有司，民皆歌乐之，颂其德。[1]

大抵如今的陕西，在古代是戎狄的根据地（**参看本卷第六章第一节**）。所以周之先世，屡为所迫逐。公刘、古公，都是其中能自强的令主。古公之后，更得王季、文王两代相继，周朝的基业，就此光大起来了。

文王和纣的交涉，《史记》所记如下：

> 崇侯虎谮西伯于殷纣……帝纣乃囚西伯于羑里。闳夭之徒患之，乃求有莘氏美女，骊戎之文马，有熊九驷，他奇怪物，因殷嬖臣费仲而献之纣……乃赦西伯，赐之弓矢斧

① 公刘亶父不为戎狄所化。

钺，使西伯得征伐……西伯阴行善，诸侯皆来决平。于是虞芮之人有狱不能决，乃如周。入界，耕者皆让畔，民俗皆让长。虞芮之人未见西伯，皆惭，相谓曰：吾所争，周人所耻，何往为，只取辱耳。遂还，俱让而去。诸侯闻之曰：西伯盖受命之君（《郡县志》："故虞城，在陕州平陆县东北五十里，虞山之上，古虞国。闲原，在平陆县西六十五里，即虞芮让田之所"）。明年，伐犬戎（见本卷第六章第一节）；明年，伐密须（《汉书·地理志》：安定郡阴密县，《诗》：密人国。如今甘肃的灵台县）；明年，败耆国（今《尚书》作黎，《释文》："尚书大传作耆。"《说文》：黎邑，"殷诸侯国，在上党东北"，如今山西的长子县）；明年伐邘（《集解》："徐广曰：在野王县西北。"《正义》："《括地志》云：故邘城，在怀州河内县西北二十七里"）……明年，伐崇侯虎，而作丰邑，自岐下而徙都丰（在如今陕西户县境内——编者注：今为鄠邑区）；明年，西伯崩。太子发立，是为武王。西伯盖即位五十年……诗人道西伯，盖受命之年，称王而断虞芮之讼，后七年而崩。谥为文王。改法度，制正朔矣。追尊古公为大王，公季为王季。

文王受命称王的年代，和纣囚文王的年代期限，各书互有异同（《尚书大传》："文王受命，一年断虞芮之讼；二年伐邘；三年伐密须；四年伐犬夷；五年伐耆；六年伐崇；七年而崩。”又说：“得散宜生等献宝而释文王，文王出则克黎。”“伐崇则称王。”见《诗·文王序》《礼记·文王世子》《左传·襄公三十一年疏》。郑康成说：入戊午蔀二十九年受命，明年改元，改元后六年而伐崇，居丰，称王就在这一年。又有一说：以为文王再受命，入戊午蔀二十四年受洛书，二十九年受丹书，俱见《诗·文王序》疏。《左传·昭公十一年》，卫北宫文子说：“纣囚文王七年。”《战国·赵策》，鲁仲连说：“拘之牖里之库百日”）。然而文王在纣的时候，必有“称王改元”的事情是无可疑的。

武王伐纣的事情，《史记》所载如下：

九年，武王上祭于毕，东观兵，至于孟津。为文王木主，载以车中军，武王自称太子发，言奉文王以伐，不敢自专……是时诸侯不期而会孟津者八百诸侯。诸侯皆曰：纣可伐矣。武王曰：女未知天命，未可也。乃还师。归居二年，闻纣昏乱，暴虐滋甚……于是武王遍告诸侯曰：殷有重罪，不可以不毕伐。……遂率戎车三百乘，虎贲三千人，甲士四万五千人，以东伐纣。十一年十二月戊午，师毕渡孟津。诸侯咸会……二月甲子昧爽，武王朝至于商郊牧野……诸侯兵会者，车四千乘。陈师牧野。帝纣闻武王来，亦发兵七十万人距武王……纣兵皆崩，畔纣，纣走，反入，登于鹿台之上，蒙衣其珠玉，自燔于火而死。

以上所述，是武王伐纣的事实，然而周朝的功业，实在是到成王时候才大定的。《史记》上又说：

> 武王为殷初定，未集，乃使其弟管叔鲜、蔡叔度相禄父治殷……乃罢兵西归……营周居于雒邑而后去……武王已克殷后二年……武王病。天下未集。群公惧，穆卜。周公乃祓斋，自为质，欲代武王，武王有瘳，后而崩。太子诵代立，是为成王。成王少，周初定天下，周公恐诸侯畔。周公乃摄行政当国。管叔蔡叔群弟疑周公，与武庚作乱畔周，周公奉成王命伐诛武庚管叔，放蔡叔。以微子开代殷后，国于宋。颇收殷余民，以封武王少弟封为卫康叔……初管蔡畔周，周公讨之，三年而毕定……周公行政七年，成王长，周公反政成王，北面就群臣之位。成王在丰，使召公复营洛邑，如武王之意。周公复卜申视，卒营筑，居九鼎焉，曰：此天下之中，四方入贡，道里均……成王既迁殷遗民……东伐淮夷，残奄，迁其君薄姑……兴正礼乐，度制于是改，而民和睦，颂声兴。

据以上所述，可见得武王克纣之后，周朝的权力，仅及于洛邑。管、蔡和武庚同叛，这件事不入情理。大概“主少国疑”的时候，武庚想趁此“光复旧物”，管、蔡也要和周公争夺权位，叛虽同时，却是各有目的的；其曾否互相结合，却无可考了。周公东征，是一场大战（《孟子》“周公相武王，诛纣，伐奄，三年讨其君，驱飞廉于海隅而戮之。灭国者五十，驱虎、豹、犀、象而远之，天下大悦”）。他这战争，大概是和东夷的交涉（《说文》：“郁，周公所诛郁国，在鲁。”又《书·费誓》：“徂兹淮夷，徐戎并兴。”可见得这时候，东夷全叛，薄姑齐地，见《汉书·地理志》），东方毕定之后，仍旧要营建洛邑；成王亲政之后，还要去征淮夷，残奄；可见得周初用兵的形势，和夏商之际，实在是一样的（周营洛邑，就和汤从商迁到偃师相同；其用兵东夷，和汤迁到邻葛之亳以后，用兵的形势相同。参看第二节。以上的年代，据《史记》，是文王受命后七年而崩；后二年——九年——武王观兵孟津；又二年——十一年——克纣；后二年——十三年崩，周公摄政七年，而致政于成王。《汉书·律历志》载《三统历》之说：是“文王受命九年而崩，再期在大祥而伐纣……还归二年，乃遂伐纣克殷……自文王受命而至此十三年……后七岁而崩……凡武王即位十一年。周公摄政五年……后二岁，得周公七年，复子明辟之岁……”又周公摄政七年的年代，孔、郑不同，见《礼记·明堂位》疏）。

又成王和周公的关系，《史记·鲁周公世家》说：

……武王既崩，成王少，在襁褓之中，周公恐天下闻武王崩而畔，周公乃践阼，代成王摄行政，当国。管叔及其群弟流言于国曰：周公将不利于成王。周公乃告太公望、召公奭曰：我之所以弗辟而摄行政者，恐天下畔周，无以告我先王太王、王季、文王……于是卒相成王，而使其子伯禽代就封于鲁。管、蔡、武庚等果率淮夷而反。周公乃奉成王命，兴师东伐……二年而毕定……周公归报成王，乃为诗贻王，命之曰《鸱鸮》，王亦未敢训周公……成王长，能听政，于是周公乃还政于成王……初成王少时，病，周公乃自揃其蚤，沈之河，以祝于神，曰：王少，未有识，奸神命者乃旦也；亦藏其策于府。成王病有瘳。及成王用事，人或谮周公，周公奔楚。成王发府，见周公祷书，乃泣，反周公（《蒙恬列传》载恬对使者的话，与此说相同）。……周公在丰，病，将殁，曰：必葬我成周，以明吾不敢离成王。周公既卒，成王亦让，葬周公于毕，从文王，以明予小子不敢臣周公也。周公卒后，秋，未获，暴风雷雨，禾尽偃，大木尽拔，周国大恐。成王与大夫朝服以开金縢书。王乃得周公所自以为功代武王之说。二公及王乃问史，百执事；史，百执事曰：信，有，昔周公命我勿敢言。成王执书以泣，曰：自今后其无缪卜乎；昔周公勤劳王家，惟予幼人弗及知；今天动威，以彰周公之德，惟朕小子其迎，我国家礼亦宜之。王出郊，天乃雨，反风，禾尽起。二公命国人，凡大木所偃，尽起而筑之，岁则大熟。

郑康成注《尚书》，却与此大异。他解“我之弗辟”句，“读辟为避，以居东为避居”（《豳谱》和《鸱鸮·序疏》，又《尚书·金縢》释文）。说“周公出处东国，待罪，以须君之察己”（《诗·七月序》疏）。又注“罪人斯得”，说：“罪人周公之属党，与知居摄者。周公出，皆奔。今二年，尽为成王所得……周公伤其属党无罪将死，恐其刑滥，又破其家，而不敢正言，故作《鸱鸮》之诗以贻王。”（《鸱鸮·序疏》）注“王亦未敢诮公”道：“成王非周公之意未解，今又为罪人言，欲让之，推其恩亲，故未敢。”（《鸱鸮·序疏》）注“秋大熟未获”道：“秋，谓周公出二年之后明年秋也。”（《豳谱疏》）注“惟朕小子其新迎”道：“新迎，改先时之心，更自新以迎周公于东，与之归，尊任之。”（《诗·东山序疏》）以为于是“明年迎周公而反，反则居摄之元年”（《礼记·明堂位疏》）。这两种说法，自然以《史记》为准，为什么呢？一者，《史记》和《尚书大传》相合（《尚书大传》说雷风之变，在周公死后，见《路史后纪·十》，《通鉴前编·成王十一年》，《汉书·梅福传》注，《儒林传》注，《后汉书·张奂传》

注引。又《白虎通·丧服篇》："原天之意，予爱周公，与文武无异，故以王礼葬，使得郊祭。《尚书》曰：今天动威，以彰周公之德，下言礼亦宜之。"亦与《尚书大传》同义）。二者，"避居东都，待罪以须君之察己"，不合情理。我想周公摄政，就在武王崩的明年，"一年救乱，二年克殷，三年残奄"，一定如《史记》和《尚书大传》所说（《尚书大传》，见《礼记·明堂位》疏）。但郑康成所读古书，是极博的，他所说的话，也绝不会没有来历。我想这一段成王和周公冲突的历史，一定在周公归政之后。《左传·昭公七年》公将适楚，"梦襄公祖，梓慎曰：……襄公之适楚也，梦周公祖而行……子服惠伯曰：……先君未尝适楚，故周公祖以道之；襄公适楚矣，而祖以道君……"，可见得周公奔楚，是实有的事（俞正燮《癸巳类稿·周公奔楚》义，引这一段事情，以证周公之奔楚，甚确。但以居东与奔楚并为一谈，却似非）。奔楚之后，不知道怎么又跑了回来，回来之后，不知道怎么死了。古人的迷信最重，活着的时候对人不起，到他死了之后，又去祭他求福，是不足怪的事（《汉书·匈奴列传》："贰师在匈奴岁余，卫律害其宠，会母阏氏病，律饬胡巫言：先单于怒曰：胡故时祠兵，常言得贰师以社，今何故不用。于是收贰师。贰师骂曰：我死，必灭匈奴，遂屠贰师以祠。会连雨雪数月，畜产死，人民疫病，谷稼不熟，单于恐，为贰师立祠，室。”这件事，很可以推见野蛮时代的心理）。雷风示变，因而改葬周公，因而赐鲁郊祭，事虽离奇，其情节未尝不可推想而得。那么，周公之“以功名终”，怕又是儒家改制所托了。

第五节　西周的事迹

（一）武王发—（二）成王诵—（三）康王钊—（四）昭王瑕—（五）穆王满

├（六）共王緊扈—（七）懿王囏—（九）夷王燮—（十）厉王胡

└（八）孝王辟方

└（一一）宣王静—（一二）幽王宫涅—（一三）平王宜臼—太子泄父

└（一四）桓王林—（一五）庄王佗—（一六）釐王胡齐—（一七）惠王阆

└（一八）襄王郑—（一九）顷王壬臣┬（二十）匡王班

　└（二一）定王瑜—（二二）简王夷

└（二三）灵王泄心—（二四）景王贵┬（二五）悼王猛

　└（二六）敬王匄—（二七）元王仁

└（二八）贞定王介┬（二九）哀王去疾

　├（三十）思王叔

　└（三一）考王嵬—（三二）威烈王午—（三三）安王骄

├（三四）烈王喜

└（三五）显王扁—（三六）慎靓王定—（三七）赧王延

西周的事情，《史记》所载如下：

……成康之际，天下安宁，刑错四十余年不用。

昭王之时，王道微缺。昭王南巡狩不返，卒于江上。其卒不赴告，讳之也。

穆王即位，春秋已五十矣。王道衰微。穆王闵文武之道缺，乃命伯畀（**今《尚书》作伯冏**）。申诫太仆国之政，作《畀命》，复宁。穆王将征犬戎，祭公谋父谏……王遂征之，得四白狼四白鹿以归，自是荒服者不至。诸侯有不睦者，甫侯言于王，作修刑辟……命曰《甫刑》。

懿王之时，王室遂衰，诗人作刺。

厉王即位三十年，好利，近荣夷公。大夫芮良夫谏……厉王不听，卒以荣公为卿士，用事。王行暴虐侈傲，国人谤王。召公谏曰：民不堪命矣。王怒，得卫巫，使监谤者，以告则杀之，其谤鲜矣；诸侯不朝，三十四年。王益严，国人莫敢言，道路以目……三年，乃相与畔，袭厉王，厉王出奔于彘（**如今山西的霍县——编者注：今为霍州市**）。厉王太子静匿召公之家，国人闻之，乃围之。召公曰：吾昔骤谏王，王不从，以及此难也；今杀王太子，王其以我为仇而怼怒乎？……乃以其子代王太子，太子竟得脱。召公、周公二相行政，号曰“共和”。共和十四年，厉王死于彘；太子静长于召公家，二相乃共立之为王，是为宣王。

宣王即位，二相辅之，修政，法文武成康之遗风，诸侯复宗周……三十九年，战于千亩（《索隐》：“地名，在西河介休县。”如今山西的介休县——编者注：今为介休市），王师败绩于姜氏之戎。

……幽王嬖爱褒姒，褒姒生子伯服，幽王欲废太子。太子母，申侯女而为后；后幽王得褒姒，爱之，欲废申后，并去太子宜臼，以褒姒为后，以伯服为太子……幽王以虢射父为卿，用事，国人皆怨，石父为人佞巧，善谀好利，王用之，又废申后，去太子也。申侯怒，与缯、西夷、犬戎攻幽王……遂杀幽王骊山下，虏褒姒，尽取周赂而去。于是诸侯乃即申侯而共立故幽王太子宜臼，是为平王，以奉周祀。平王立，东迁于雒邑，避戎寇（骊山，在如今陕西的西安市临潼区）。

这其间可以研究的，有几件事情。

其一，是昭王南征不返的事：按《左传·僖公四年》，“昭王南征而不复”。《杜注》：“昭王……南巡守涉汉，船坏而溺。”《正义》：“《吕氏春秋·季夏纪》云：周昭王亲将征荆蛮，辛余靡长且多力，为王右。还反，涉汉，梁败，王及祭公陨于汉中；辛余靡振王北济，反振祭公。高诱注引此传云：昭王之不复，君其问诸水滨，由此言之，昭王为没于汉，辛余靡焉得振王北济也。振王为虚，诚如高诱之注，又称梁败，复非船坏。旧说皆言汉滨之人，以胶胶船，故得水而坏，昭王溺焉，不知本出何书。”又《史记·齐太公世家集解》：“服虔曰：周昭王南巡狩，涉汉，未济，船解而溺昭王……”《索隐》：“宋忠云：昭王南伐楚，辛由靡为右。涉汉，中流而陨，由靡逐王，遂卒不复，周乃侯其后于西翟。”这件事的真相，固然无可考见；然而有可注意的两端：第一，诸说都说是溺于汉，不说卒于江上。第二，《吕氏春秋》说“昭王亲将征荆蛮”，宋忠也说“昭王南伐楚”。江汉可以互言，并没有什么稀奇，巡狩和征伐，以古人说话的不正确，也未必有什么区别。然则这件事情，依情理推度起来，实在是战败而死的。然则这一战究竟是败给谁呢？《左传》下文“昭王南征而不复，君其问诸水滨”。《杜注》：“昭王时汉非楚境，故不受罪。”依我看来，这句话实在是弄错了的。按《史记·楚世家》，说熊绎受封居丹阳。《汉书·地理志》，说就是汉朝的丹阳县。汉朝的丹阳县，是如今安徽的当涂县，未免离后来的郢都太远。清朝宋翔凤，有一篇《楚鬻熊居丹阳武王徙郢考》，根据《世本》（《左传·桓公二年正义》引），说受封的是鬻熊，不是熊绎，这一层我还未敢十分相信；然而他考定当时的丹阳，是在丹水、析水入汉之处，实在精确不磨。他的原文道

（见《过庭录》卷四）：

《史记·秦本纪》：惠文王后十三年，庶长章击楚于丹阳。《楚世家》亦言与秦战丹阳，秦大败我军……遂取汉中之郡。《屈原传》作大破楚师于丹淅。《索隐》曰：丹淅，二水名也。谓于丹水之北，淅水之南。皆为县名，在宏农，所谓丹阳淅是也。按《汉志》：宏农郡丹水，水出上雒冢领山，东至析入钧。密阳乡，故商密也。淅即析县，并在今河南南阳府内乡县境内。《水经》，丹水出京兆上洛县西北冢领山，东南过其县南，又过商县南，又东南至于丹水县，入于均。《郦注》：丹水通南阳郡。《左传·哀公四年》，楚左司马使谓阴地之命大夫士蔑曰：晋楚有盟，好恶同之。不然，将通于少习以听命者也。京相璠曰：楚通上洛要道也。《郦注》又云：析水至于丹水，故丹水会均，有析口之称。丹水又经丹水县故城西南，县有密阳乡，古商密之地，昔楚申、息之师所戍也。春秋之三户矣。杜预曰：县北有三户亭，丹水南有丹崖山，山悉赪壁，霞举，若红云秀天，二岫更有殊观。丹水又南径南乡县故城东北，又东径南乡县北，丹水径流两县之间，历于中之北，所谓商于者也；故张仪说楚绝齐，许以商于之地六百里，谓以此矣。《吕氏春秋》曰：尧战于丹水之浦，以服南蛮，即此水，又南合均水，谓之析口。是战国丹阳，在商州之东，南阳之西，当丹水、析水入汉之处，故亦名丹析。鬻子所封，正在于此。

据此来看，当时的楚国，正在汉水流域。昭王这一役，一定是和楚国打仗而败，渡江溺死的。

其二，周朝的穆王，似乎是一个雄主：他作《羿命》，作《甫刑》，在内政上颇有功绩，又能用兵于犬戎。虽然《国语》上载了祭公谋父一大篇谏辞（《史记》上也有的），下文又说“自是荒服者不至”，似乎他这一次的用兵，无善果而有恶果；然而古人这种迂腐的文字，和事势未必适合。周朝历代，都以犬戎为大患，穆王能用兵征伐，总算难得。又穆王游行的事情，《史记·周本纪》不载，详见于《列子》的《周穆王篇》和《穆天子传》（《周书·束皙传》，《周王游行》五卷，说周穆王游行天下之事，今谓之《穆天子传》）。这两部书，固然未必可信；然而《史记·秦本纪》《赵世家》，都载穆王西游的事；又《左传·昭公十二年》，子革对楚灵王也说“昔穆王欲肆其心，周行天下”；这件事，却不是凭空捏造的：他当时能够西游，就可见得道路平静，犬戎并不猖獗。

其三，是厉王出奔和共和行政的事。厉王出奔这件事的真相，也无可考见（不知道逐他的究竟是谁）。近来有人说，中国历代的革命都是“暴民革命”，只有这一次，却是“市民革命”（《饮冰室文集·中国历史上革命之研究》）。依我看来，这大约是王城里头人做的事情。共和行政有二说：其一便是《史记》所说的“召公、周公二相行政”。还有一说，是出在《汲冢纪年》（又不是如今的《竹书纪年》）和《鲁连子》上的。说有个共伯，名和，摄行天子之事。这两部都是伪书；《史记正义》已经把这种说法驳掉了，一翻阅就可明白。

其四，西周的盛衰，其原因是可推见的。周朝受封于陕西，本来是犬戎的根据地（参看本卷第六章第一节）。历代都和犬戎竞争，到大王、王季、文王，三代相继，才得胜利，周朝立国的根据，到此才算确定。同时它的权力，向两个方面发展：一种是出潼关，向如今的河洛一带，后来渡孟津伐纣，营建东都，所走的都是这一条路。一种便是出武关，向汉水流域，所以韩婴叙《周南》，说“其地在南郡、南阳之间”（《水经注》三十四）。现存的《诗序》，也说“文王之道，被乎南国，美化行乎江汉之域”（《汉广序》说周公奔楚，所走的也是这条路）。后来它权力退缩，受敌人的压迫，也是从这两方面而来。昭王南征而不复，便是对于南方一条路权力的不振。宣王号称中兴，尚且败绩于姜戎，可见得戎狄的强盛。到幽王时，东南一方面的申（申国，在如今河南的南阳市）和西方一方面的犬戎相合，西周就此灭亡了。这种形势，和前乎此的商朝，后乎此的秦朝，实在是一样的，通观前后自明。

第五章　春秋战国

第一节　春秋

周平王东迁之后四十九年，就是公元前722年（鲁隐公元年），入春秋，直到公元前479年止（孔子卒的一年），其间凡二百四十四年。

春秋时代，列国的事情都有可考见，和西周以前所传的只有“一个王朝的历史”大不相同了。咱们现在要讲春秋时代的历史，就得先把当时几个大国提出来讲讲。春秋时代的大国[①]，是晋、楚、齐、秦，其后起的就是吴、越。咱们现在且略讲它的起源和情势如下：

---

① 大国皆近边。江河流域相争。

（一）齐　齐国的祖宗，唤作吕尚（四岳之后）。这个人，大约是文王、武王的谋臣。武王定天下之后，封于营邱（山东的昌乐县）。后世迁徙到薄姑（在博兴县境），又迁徙到临菑（如今的临淄县——编者注：今淄博市临淄区）。《史记》上说："太公至国，修政，因其俗，简其礼；通商工之业，便鱼盐之利；而人民多归齐，齐为大国（《货殖传》也说"故太公望封于营邱，地泻卤，人民寡；于是太公劝其女功，极技巧，通鱼盐，则人物归之，繦至而辐凑。故齐冠带衣履天下；海岱之间，敛袂而往朝焉"）。及周成王少时，管、蔡作乱，淮夷畔周。乃使召康公命太公曰：东至海，西至河，南至穆陵（大约是临朐县南大岘山上的穆陵关），北至无棣（在孤竹国境，如今直隶的卢龙县——编者注：今属河北），五侯九伯，实得征之；齐由此得征伐，为大国。"大概齐国的强，一是由于奖励工商业，二是周初东方未定，要想借重它，畀以大权之故。

（二）晋　晋国的始祖，是成王的兄弟，唤作唐叔虞。封于唐。他的儿子燮，因地有晋水，改称晋侯。后世迁徙到曲沃，又迁徙到绛（《诗谱》："唐者，帝尧旧都之地，今曰太原晋阳。尧始居此，后乃徙河东平阳。成王封母弟叔虞于尧之故墟，曰唐侯。南有晋水，至子燮，改为晋侯……至曾孙成侯，南徙居曲沃，近平阳焉……穆侯又徙于绛。"按：叔虞所封的唐，在如今山西太原县——编者注：今太原市，以为在平阳，是误谬的，详见朱右曾的《诗地理征》。曲沃，是如今山西的闻喜县。绛，就是翼，如今山西的翼城县。曲沃灭翼之后，仍居于此。春秋时，晋景公又迁新田，仍名曰绛，就把曲沃唤作故绛。新田，也在闻喜县境）。徙绛的穆侯，有两个儿子：大的是太子仇，少的名成师。穆侯卒，仇立，是为文侯。文侯卒，子昭侯伯立。封成师于曲沃，号为桓叔。受封之后六十七年（公元前745年至公元前679年），桓叔之后灭翼。灭翼的唤作武公。武公卒，子献公诡诸立。灭霍（如今山西的霍州市），灭魏（如今山西的芮城县），灭耿（如今山西的河津县——编者注：今河津市）；又灭虞（如今山西的平陆县）、虢（如今河南的陕县——编者注：今陕州区）。《史记》说“当此时，晋疆西有河西（陕西大荔县一带），与秦接境，北边翟，东至河内（河南的沁阳县——编者注：今沁阳市）”。晋国就成了一个强国。

（三）楚　楚国是帝颛顼之后，受封的唤作熊绎，居丹阳（见上章第五节）。熊绎之后，五传而至熊渠。《史记》上说：“熊渠甚得江汉间民和，乃兴兵伐庸、杨粤，至于鄂……乃立其长子康为句亶王（《集解》：‘张莹曰：今江陵也’），中子红为鄂王（《集解》：‘骃按九州记曰：鄂今武昌’），少子执疵为越章王，皆在江上楚蛮之地。”熊渠之后，七传而至熊仪，是为若敖，若敖再传而至霄敖，是为蚡冒。蚡冒卒，蚡冒的兄弟熊通，弑蚡冒的儿子而代立，是为楚武王。“三十五年，楚伐随（如今湖北的随县——编者注：今随州市）……曰：我蛮夷也，今诸侯皆为叛，相侵，或相杀；我有敝甲，欲以观中国之政；请王室尊吾号。随人为之周请尊楚，王室不听……三十七年，楚熊通怒曰：……我自尊耳。乃自立为武王……于是始开濮地而有之……子文王熊赀立，始都郢（如今湖北的江陵县）。文王二年，伐申……六年，伐蔡，虏蔡哀侯以归，已而释之。楚强，陵江汉间小国，小国皆畏之。十一年，齐桓公始霸，楚亦始大。”宋翔凤的《楚鬻熊居丹阳武王徙郢考》，考定丹阳在丹析入汉之处，已见上节。他又考定越章便是春秋时的豫章，在如今的当涂（原文：“越章，亦作豫章，越豫声之转。《左传·定公二年》，桐叛楚，吴子使舒鸠人诱楚人曰：以师临我，我伐桐。秋，囊瓦伐吴，师于豫章。吴人见舟于豫章，而潜师于巢。按：桐国，在今安庆府桐城县治；舒国，在今安徽庐州府舒城县治，巢邑，在今庐州府巢县治；其地并在江北，与汉豫章郡在江南者，相去六七百里。吴人必不设疑兵于六七百里之外，知豫章当与舒巢桐邑相近。疑汉丹阳县在今当涂，乃是春秋之豫章……《左传·昭公二十四年》，楚子为舟师以略吴疆，越大夫胥犴劳王于豫章之汭。如越劳楚于汉豫章郡今南昌府，既非楚子入吴所经；若指章水入江之处，则为今九江府湖口县，中隔广信饶州，皆为吴地；知豫章之汭，是越境之北界，断在当涂之地。盖越之故地，熊渠伐而有之，乃称豫章。秦以其地置鄣郡，鄣与章通用，盖以豫章名之。汉复改鄣郡为丹杨，或取杨越之名，亦未可知”）。他又说：“鬻子后数世至熊绎，始南迁荆山，不通中国，而壹用力于蛮夷；故至熊渠而西连巴巫，东收豫章，江汉小国，靡不服从；楚能雄长荆州之地，当时称之曰荆；故《郑语》，史伯称荆子熊严；《春秋》于桓公之世，楚并称荆。至僖公初，渐以名通上国，乃还其始封号曰楚子（原注，‘用《穀梁》语’）。《左传·昭公十二年》，右尹子革言昔我先王熊绎，辟在荆山筚路蓝缕，以处草莽，此言荆山而不言丹阳，知熊绎是居荆山而非居丹阳者。荆山，在今湖北襄阳府南漳县西八十里……《左传·昭公四年》，晋司马侯称荆山为九州之险；盖居荆山则汉水环其东北，足以北阻中国，东控汉东诸侯；既与诸夏为限，遂能壹用力于蛮夷；是熊渠之强大，由得荆山之险也……郢又在荆山南三百余里；楚武王时，中国无伯主，迁郢则不但据汉水之固，并可俯瞰江滨……《郑语》：楚蚡冒于是乎始启濮。韦注，濮，南蛮之国。《书·牧誓》《孔传》：濮在江汉之南。盖楚蚡冒时已拓地于江南，武王遂迁郢，俯江滨以逼之。江南蛮夷诸国，尤畏楚之逼已而不敢叛，而后专力从事于汉东诸侯……”楚国受封地，究竟是鬻熊，还是熊绎？所谓“熊绎辟在荆山”的“荆山”，是否定在如今的南漳县境或者其范围还可稍广？我还未可断定；然而楚国的受封，必在汉水中游流域。到后来沿汉而下，以达于江，它所征服的地方，西至如今的川楚，东至如今的苏皖交界，然后从事于汉东。是的确不错的。读了这一篇文字，于楚国盛强的原因和春秋时代长江流域开拓的历史，可以“思过半”了。

（四）秦　秦国之先，《史记》说也是帝颛顼之苗裔，“孙曰女修。女修织，玄鸟陨卵，女修吞之，生子大业……大业生大费……是为柏翳。舜赐姓嬴氏”。大业：《史记正义》据《列女传》，说就是皋陶，柏翳就是益（已见第三章第三节）。他的后世，有一个唤作造父的替周穆王御而西游，周穆王封他于赵城（如今山西的临汾县——编者注：今临汾市），便是七国时赵国的始祖。又有一个唤作非子的，替周孝王主马，周孝王邑之于秦（如今甘肃的天水县——编者注：今天水市）为附庸，便是秦国的祖宗。非子的曾孙，唤作秦仲，周宣王以为大夫。叫他去伐戎，为戎所杀。有子五人，宣王召之，与兵七千再叫他去伐戎，破之。五人之中，最长的唤作庄公。宣王依旧给他做西垂大夫，居于犬丘（如今陕西的兴平县——编者注：今兴平市）。庄公的儿子唤作襄公。当犬戎弑幽王之时，发兵救周，战甚力；平王东迁，襄公又发兵送他；

南的滑县）

曹（武王弟叔振铎，封于陶丘，如今山东的定陶县——编者注：今定陶区）

宋（微子封于商丘，如今河南的商丘县——编者注：今商丘市）

郑（宣王的弟友封于郑，如今陕西的华县。后来东徙于虢郐之间，如今河南的郑县——编者注：今荥阳市、新密市附近）

陈（陈胡公，舜之后。封于宛丘，如今河南的淮宁县——编者注：今淮阳县）

蔡（蔡叔度之子胡。封于蔡，如今河南的上蔡县，平侯迁新蔡，如今河南的新蔡县。昭侯迁州来，如今安徽的寿县）

许（伯夷之后。封于许，如今河南的许昌县。灵公迁于叶，如今河南的叶县。悼公迁于夷实城父，如今安徽的亳县——编者注：今亳州市。又迁于析，实白羽。如今河南内乡县）等。

此外小国还甚多，限于篇幅，不能尽列。要通知春秋时代各国的形势，把顾栋高的《春秋大事表》做参考书最好（因为它很完备周密）。

春秋时代的大势，咱们且略讲如下：

公元前679年，齐桓公会诸侯于鄄（如今山东的城濮县——

编者注：今为鄄城县），创霸。公元前663年，山戎伐燕，齐桓公伐山戎以救燕。公元前660年，狄人灭邢，又灭卫。齐桓公合诸侯的兵，迁邢于夷仪（如今山东的聊城县——编者注：今聊城市，邢的本封，在如今直隶的邢台县——编者注：今河北的邢台市），封卫于楚邱（见前）。公元前656年，齐桓公合诸侯伐楚，盟于召陵（如今河南的郾城县——编者注：今属召陵区）。公元前643年，齐桓公卒，诸子争立，国内乱，齐国的霸业就此告终。

齐桓公死后，宋襄公平定了齐国的内乱，想要图霸。公元前638年，和楚人战于泓（水名，在如今河南的柘城县），大败，宋襄公受伤而卒。宋国的霸业只好算未成。

宋襄公死后，北方的诸侯，都折而入于楚。公元前632年，晋文公和楚人战于城濮（如今山东的城濮县——编者注：今为鄄城县），楚师败绩。后此北方的霸权，在晋国手里。

晋文公返国时，秦穆公与有力焉，所以秦晋甚睦。城濮战后二国尝合兵围郑（以其贰于楚）。郑国派一个大夫，夤夜缒城去见秦穆公。秦穆公听了他的话，不但撤兵解围，而且还派三个将官，帮同郑国人戍守。晋文公死后，这三将暗中差人招呼秦穆公，叫他潜师袭郑，自己做内应。秦穆公听了他的话，发兵东来。晋襄公袭而败诸崤（在如今河南的永宁县——编者注：今为洛宁县）。获其三帅孟明视等。旋又放了他。秦穆公引咎自责，仍用孟明视。公元前624年，伐晋，破之。《史记》

上说他“遂霸西戎，辟地千里”。然而终春秋之世，秦国始终不能得志于东方，所以崤地一战，关系是很大的。

晋襄公死后，继立的是晋灵公，颇为无道，而楚庄王日强。公元前597年，晋楚战于邲（如今河南的郑县——编者注：今为荥阳以北一带），晋师败绩，楚庄王称霸。

公元前579年，宋臣华元，因为和晋楚两国的执政都要好的，出来合二国之成，盟于宋西门外。然不久，楚共王就背约，构郑叛晋。公元前575年，晋厉公和楚共王战于鄢陵（如今河南的鄢陵县），楚师败绩，共王伤目。然而郑国毕竟不服晋。晋厉公旋亦被弑。晋人立了悼公，又和楚争逐久之，到公元前562年，才算把郑国征服。

悼公死后，晋楚都衰。公元前546年，宋臣向戌，再合晋楚之成，为“弭兵之盟”于宋，从此时局一变。大抵从晋文公创霸以后，到弭兵之盟以前，北方的鲁、卫、曹、宋等，是常服于晋的；南方的陈、蔡、许等，是常服于楚的；只有一个郑国，叛服于晋楚之间。晋楚争霸，大抵所争的就是郑。弭兵之盟，说“二国之从交相见”，把这个藩篱打破了。于是楚国的灵王，出来合诸侯，北方诸国遂纷纷奔走于楚。然而从弭兵之盟以后，直到春秋时代之终，因晋楚争霸而起的战役，可以说是没有，这个究竟也是向戌的功劳。

晋楚皆衰以后，就是吴越的世界。吴国的强盛，起于公元前584年巫臣的适吴（已见前），从此以后，吴国时时同楚国交兵，楚国不利的时候多。公元前506年，楚令尹囊瓦好贿，辱蔡昭侯，蔡昭侯如晋请伐楚，晋国人为他合了北方的诸侯。这时候的晋国，是六卿执政，腐败得很，大合了诸侯，以求贿而罢。蔡昭侯再请于吴。吴阖闾为之出兵，大破楚师于柏举（如今湖北的麻城县——编者注：今为麻城市）。就攻破了楚国的都城，楚昭王逃到随国。幸而有个忠臣，唤作申包胥，到秦国去请了救兵来，吴师大败，昭王才得复国。

这时候，越国也强起来了。吴人在郢的时候，越人就乘间入吴。公元前496年，允常卒，阖闾乘而击之，败绩于槜李（如今浙江的嘉兴县——编者注：今为嘉兴市），阖闾受伤而死。公元前494年，阖闾的儿子夫差，败越于夫椒[如今江苏吴县（编者注：今为江苏省苏州市吴中区、相城区）西边的西洞庭山]。越王句践，以余兵栖于会稽的山上，遣大夫种卑辞厚礼以求和。夫差许之，句践归国，卧薪尝胆，以求报仇。而夫差从破越之后，就骄侈起来，沟通江淮，北伐齐鲁，与晋国人争长于黄池（如今河南的封邱县——编者注：今为封丘县。公元前482年）。公元前475年，就给越国人围了起来。公元前473年，越国人把他的都城攻破了，夫差自杀，吴国就此灭亡。于是句践带兵渡淮，“与齐晋诸侯会于徐州（如今山东的滕县——编者注：今为滕州市），周元王使人赐句践，胙命为伯”。

大抵春秋时期，可以分作几个时代：

（一）从公元前679年到公元前643年，是齐桓公称霸时代。

（二）从公元前642年到公元前633年，是宋襄公图霸不成，楚人强盛时代。

（三）从公元前632年到公元前547年，是晋楚争霸时代。

（四）从公元前546年到公元前530年，是楚国独盛时代（明年，楚灵王被弑，平王立，不复事诸侯）。

（五）从公元前529年到公元前527年，是晋楚皆衰，吴越尚未强盛的时代（权力未及于中原）。

（六）从公元前528年到公元前476年，是吴国强盛时代（其间吴国虽已败于越，然对于北方，威力还在）。

（七）从公元前475年以后，是越国强盛时代。

大抵长江流域的开辟，是从春秋时代起的（五帝时代，三苗左洞庭。右彭蠡，其与黄河流域争竞的实情，已无可考。文王“三分天下有其二”“美化行乎江汉之域”，固然也利用南方的形势，去包围纣，然而不是长江流域的国能独立和黄河流域竞争）。而其开辟，又先从中游流域起，次到下游流域（因为文化从北方来，由汉域入江域，所以开化从中游起）。至其上游流域的四川，则直到战国时秦灭巴蜀，才算入中国的版图。南岭以南的闽粤二江流域，入中国版图，更在秦并天下之后。（参看第六章）于此可以见得中国本部开辟的早晚了。

第二节　战国

春秋以后，又二百五十七年，天下才归于统一。就是从公元前478年起，到公元前222年止，称为战国时代。战国时代的形势，便是春秋时代号称大国的晋，分为韩（周同姓，后裔事晋的，唤作韩武子，封于韩原，如今陕西的韩城县——编者注：今为韩城市）、赵（见上节）、魏（周同姓毕公高之后，名毕万，事晋献公，献公灭魏，便把魏地封他。周威烈王令魏斯、韩虔、赵籍为诸侯，事在公元前403年。这时候，晋君还在，到公元前376年，三国才废晋君而共分其地。战国时候的齐国，也为田氏所篡。田氏是陈国公子完之后——田陈同音，就是一个字——周安王令田和为诸侯，事在公元前386年）。越灭于楚（公元前334年）；而直隶北边的燕（召公奭之后。封于蓟，如今的京兆——编者注：今属北京），渐渐地强起来；于是齐、燕、韩、赵、魏、秦、楚，并列为七个大国。

七国之中，除燕最小，所处的地方又偏僻，无足轻重外（《燕世家赞》：“燕北迫蛮貉，内措齐晋，崎岖强国之间，最为弱小。”在七国之中，燕国其实只算得二等国）。楚国自然最强（因为春秋时代，晋楚本强于齐秦，而这时候，楚国又没有分），齐国的形势，和春秋时无甚出入。韩、赵、魏似乎力分而弱，然而“晋国，天下莫强焉”，它强国的资格，究竟还在。只有秦国，从春秋的末期，久已寂寂无闻，入战国的初期，又国多内难，河西的地方，为魏国所夺。又因为僻处西陲，开化最晚，大家都有些瞧不起它。到孝公的元年（公元前361年），《史记》上还说“河山以东强国六……楚、魏与秦接界；魏筑长城，自郑（如今陕西的华县——编者注：今华州区）滨洛（如今陕西的北洛水。伊洛的洛，正字应当作雒）以北，有上郡（如今陕西榆林肤施一带）；楚自汉中（如今的汉中道——编者注：今属汉中市）南有巴（如今四川的保宁县——编者注：今为巴尔县）、黔中（如今湖南、湖北、四川三省交界之处）。周室微，诸侯力政，争相并；秦僻在雍州，不与中国诸侯之会盟，夷狄遇之”，国势可谓凌夷极了（秦孝公的元年，已入战国117年，所以战国的前半期，列国的势力，是平均的。秦国的独强、六国的破灭，全在从公元前361年到公元前221年这141年之内）。

孝公即位之后，用了商鞅，定了变法之令，把全国的人，都驱到“农战”一途，于是秦国的国势，就骤然强盛起来了。[①] 秦国攻六国，可以分作两截看：其第一截，是“自完主义”，就是要全有如今陕西的地方。公元前340年，商鞅出兵伐魏，大败魏兵，魏入河西以和。于是魏惠王弃安邑（如今山西的夏县），徙都大梁（如今河南的开封县——编者注：今为开封

① 秦之盛：地势、竞争、质朴、变法。秦用兵路线。

市）。秦国既除了肘腋之患，又开了一条渡河而东的路。公元前328年，秦国人又伐魏，取了上郡，于是如今陕西地方，全入秦国的版图。公元前316年，秦国又灭了蜀。蜀地，本是最为富饶，而且因山川之险，从战国以前，从没和别国交过兵。秦国得了这一块“处女的富源地”，更其“富厚倾诸侯”（汉高祖和项羽相持，用的就是关中的兵、巴蜀的饷。战国时代的秦，想必也有这种情形。所以《战国策》上，说它得蜀之后，“益富厚，倾诸侯”）。

可以把它进取的兵分作三路看：公元前313年，败楚，取汉中。到公元前280年，司马错伐楚，取黔中，楚献汉北之地。明年，白起伐楚，取鄢（就是春秋时的鄢陵）、邓（如今河南的南阳县——编者注：今为南阳市）、西陵（如今湖南的东湖县）。又明年，白起再伐楚，拔郢，烧夷陵（在东湖县，楚先王坟墓所在）。楚东北徙都陈（如今河南的淮宁县——编者注：今为淮阳县，后来又迁到寿春，如今安徽的寿县），这一支可以算是“出长江流域的兵”，攻楚的（其中又分为两支，从江汉上游，顺流而下）。其“出河南的一支兵”所走的，便是如今从陕西出潼关的一条路。公元前311年，伐韩，拔宜阳（如今河南的宜阳县）。从此以后，韩和东西周，都入秦人掌握之内。其却又“出一支兵于河北”：公元前262年，伐韩，拔野王（如今河南的河内县——编者注：今为沁阳市）。于是上党（如今山西的晋城县——编者注：今为晋城市）路绝，上党的人不愿意归顺秦国，就降了赵。秦国的白起，大破赵军于长平（如今山西的高平县——编者注：今为高平市），坑降卒四十万，就攻破了上党，北定太原。于是过娘子关到直隶，出天井关到河南的路，都在秦国人手里。公元前257年，秦国就围了赵国的都城邯郸（如今直隶的邯郸县——编者注：今为河北邯郸市）。这时候，列国救赵的兵，都不敢进，幸而有一个魏国的公子无忌，夺了晋鄙的兵，击败秦军于邯郸下，三晋才算苟延残喘了几年。公元前249年，秦灭东周，又伐韩，取荥阳（如今河南的荥泽县——编者注：今属广武县），成皋（如今河南的汜水县——编者注：今为汜水镇），地界直接大梁。公元前246年，秦始皇立。立后十九年，就是公元前228年，灭赵，赵国的公子嘉，自立为代王，和燕国人合兵，驻扎在上谷（如今直隶的怀来县——编者注：今为河北怀来县）。秦始皇派王翦驻扎在中山（如今直隶的定县——编者注：今为河北定州市）以图燕。燕国的太子丹，派勇士荆轲到秦国去，想要刺杀秦始皇，事情没有成功。秦始皇大怒，发大兵围蓟，燕王奔辽东。公元前225年，秦灭魏。明年，攻楚，又明年，把楚国灭掉了。公元前222年，大发兵攻辽东，虏燕王喜。还灭代，虏代王嘉。明年，就把灭燕的兵南攻齐，虏齐王建。于是六国尽亡，秦国就统一天下了［周赧王的灭亡，在公元前256年。先是敬王从王城（洛邑西城）徙居成周（洛邑东城）。考王时，封弟揭于王城，是为东周桓公，桓公的孙惠公，又自封其少子于巩（如今河南的巩县——编者注：今为巩义市），是为东周惠公。赧王时，又徙都西周。赧王入秦，西周君也同时灭亡。东周君又奉周祀七年，到公元前249年，才给秦国灭掉。其余诸小国，许亡于郑，郑亡于韩，曹亡于宋，宋亡于齐，鲁及陈、蔡皆亡于楚，只有卫国，到公元前209年——秦二世元年，才给秦国灭掉］。

秦国所以能灭掉六国，下列三条，大约是最大的原因：（一）秦国和戎狄竞争最烈，以磨砺而强（晋在太原时近狄，迁绛之后，距敌较远。和楚竞争的"黎""越"二族，和齐竞争的莱夷，都不是强敌。比不上犬戎。参看本卷第六章）。（二）秦国所据的地势，和商周先世一样（参看本卷第四章。从这地方出函谷关攻山东，出武关攻南阳、襄汉，都是上流之势。秦国攻楚的路，和楚国先世拓土的路，也一样。参看上节自明）。（三）秦国开化较晚，所以风气朴实，国力较六国充足（试看李斯《谏逐客书》。列举当时淫侈的事情，秦国竟没有一件。大抵文明进化已久的国，往往不免于暮气；文明程度太浅的国，因为物质和精神两方面，强盛的元素都太缺乏，又兴旺不起来，就暂时强盛，也不能持久。吴越就属于这一种。战国时代的六国属于前一种。只有新进于文明的野蛮国家，最为可怕，秦国就属于这一种了）。

秦国吞灭六国，我国的封建时代（实在应当说是分立时代，但是“封建”这名词，通行已久，现在姑且沿用它）就此告终了。但是还有一个问题，便是“我国的分裂时代从最早可考的时代起，到底共有若干国，后来怎样渐次吞并，归于统一”的呢？这一个问题，我在后面解答。

第六章　汉族以外的诸族

第一节　獯鬻

中国绝不是单纯的民族。以前所讲的，都是汉族的历史，这是因为叙述上的方便，不能把各族的历史，都搅在一起，以致麻烦。现在汉族的历史，已经讲到统一时代了，就得把汉族以外的各族，都讲述一过。

古代中国汉人向来称外族为“夷”“蛮”“戎”“狄”，这四个字，是“因其所居的方位而称之”（参看下章），不是种族的名词；若用这四个字来分别种族，一定要陷于误谬的［到后世，这四个字的称呼，也有不按着方位的（譬如狄侵入东方，仍旧称它为狄）。然而这是后起的事，到这时候，能够认明它的种族，居地虽然变换，还用旧名称称它——种族的关系，已经纷乱得不可究诘了］。

同汉族杂居最久，而关系又最密切的，便是獯鬻。獯鬻，又作荤粥，又唤作猃狁，后世唤作匈奴［《史记·索隐》（《匈奴列传》）：“晋灼曰：匈奴，尧时曰荤粥，周曰猃狁”］，都是一音之转；这两个字的合音，便是混，又写作昆，写作串，写作畎，写作犬，到后世又写作胡（《诗·皇矣》“串夷载路”，《郑笺》“串夷，即混夷，西戎国名也”。《正义》“《书传》作畎夷，盖畎混声相近，后世而作字异耳。或作犬夷，犬即畎字之省也”）。古代所谓西戎北狄，都是这一种人。何以知道呢？因为除这一族之外，可称为戎狄的，只有汉时之所谓羌，而据汉朝的事情来看，羌人在古代，和汉族实在没甚交涉（看本章和近古所述羌人的事情自明）。太史公《匈奴列传》把古代的戎和狄都混杂在一起，或讥其不能分别，殊不知戎和狄本没有种族上的区别。[1]

这一族古代的根据地，也在黄河流域；到后世，才渐次退却到阴山山脉一带，再退却而至漠北，再退却而到如今俄领中央亚细亚一带，而入欧洲（参看《中古卷》）。误以为汉时的匈奴，在三代以前，就据有漠南北的，却是大误（漠南的南部，虽有“分散居溪谷”的小种落，然而不是它重要的根据

① 夷、蛮、戎、狄，非辨种族之词。

地。至于漠北，则三代以前，大抵是丁令的地方。所以《尚书大传》说“北方之极，自丁令北至于积雪之野”）。

这一族的根据地，大约在汉族的西北。所以《史记》说“黄帝……北逐荤粥……而邑于涿鹿之阿”；《墨子》说尧“北教八狄”（尧都太原）；可见得这一族，从古以来，就占据如今直隶、山西的北半省。至于陕西，更是它的大本营。所以《史记》上说“夏道衰，而公刘失其稷官，变于西戎，邑于豳。其后三百有余岁，而戎狄攻太王亶父，亶父亡走岐下……其后百有余岁，周西伯伐畎夷氏。后十有余年，武王伐纣，而营雒邑，复居于酆鄗，放逐戎夷泾洛之北”（洛，如今陕西北洛水）。可见得周从受封以后，历代和此族竞争。幽王被弑以后，此族“遂取周之焦获，而居于泾渭之间”（《诗》：“猃狁匪茹，整居焦获，侵镐及方，至于泾阳。”《毛传》以为宣王时候的诗，恐不如《史记》之确。《尔雅·释地》“周有焦获”。郭璞注：“今扶风池阳县瓠中是也。”池阳，如今陕西的泾阳县——编者注：今陕西省泾阳县和三原县的部分地区。镐，方，无可考）。于是平王东迁，直到秦文公手里，才把岐丰的地方收回（见上章第一节）。秦穆公时，“开国十二，辟地千里”（这是《秦本纪》上的话，《匈奴列传》说“西戎八国服于秦”），这一族在泾渭上游，便无从肆其凶焰了。其在陕西东部的，也给晋国人所攘，居于圁、洛之间（圁，就是《汉书·地理志》上郡白土的圜水，

《清一统志》说是在陕西葭县入河的秃尾河），谓之白狄（《史记》说“号曰赤狄白翟”，误）。其侵入东方的，谓之赤翟。赤翟的境域，从晋国的蒲（如今山西的隰县）、屈（如今山西的吉县）起，绵延向东，和齐、鲁、卫接界。邢、卫、宋、鲁、齐、晋、郑，都颇受其害。其种落，有东山皋落氏（如今山西的昔阳县）、廧咎如（如今山西的乐平县——编者注：今为乐平市）、潞氏（如今山西的潞城县——编者注：今为潞城市）、甲氏（如今直隶的鸡泽县——编者注：今为河北鸡泽县）、留吁（如今山西的屯留县）、铎辰（如今山西的长治县——编者注：今为长治市），都给晋国人灭掉。白狄也有侵入东方的，就是肥（如今直隶的藁城县——编者注：今为河北藁城市）、鼓（如今直隶的晋县——编者注：今为河北晋州市）、鲜虞（如今直隶的定县——编者注：今为河北定州市）。肥、鼓亦灭于晋，鲜虞到战国时谓之中山，灭于赵。又有扬拒（如今河南偃师附近）、泉皋（如今河南洛阳县西南——编者注：今为洛阳市）、伊洛之戎（《左传》杜注“居伊水洛水之间”），地都入于周。又有蛮氏（如今河南的临汝县——编者注：今为汝州市；亦称茅戎，因为它本居茅津。茅津，在如今山西的平陆县）、骊戎（如今陕西的临潼县——编者注：今为西安市临潼区），地亦入于晋。于是这一族在山、陕、直隶的南部和河南的，几乎全给汉族征服（以上说赤翟白狄，据《春秋大事表》），其未尝服属的，都在甘肃和直隶、山、陕三省的北边。《史记》上叙述它的形势道：“自陇以西，有绵诸（如今甘肃的天水县——编者注：今为天水市）、绲戎（亦在天水境）、翟䝠之戎（如今陕西南郑县境）；岐梁山泾漆之北，有义渠（如今甘肃宁县、庆阳县境——编者注：今为庆阳市庆城县）、大荔（如今陕西的大荔县）、乌氏（如今甘肃的泾川县）、朐衍之戎（如今甘肃的灵武县）；而晋北有林胡（如今山西的朔县——编者注：今为朔州市）、楼烦之戎（如今山西的崞县——编者注：今原平市）；燕北有东胡山戎（见下节）；各分散居溪谷，自有君长往往而聚者，百有余戎，然莫能相一。”列国的开拓，便是“赵有代、句注之北（句注，如今的雁门山），魏有河西、上郡，以与戎界边（河西、上郡入秦之后。秦、赵、燕三国，边于匈奴）……秦昭王时……伐残义渠。于是秦有陇西北地上郡，筑长城以拒胡；而赵武灵王……北破林胡、楼烦，筑长城，自代并阴山下至高阙为塞（《集解》：‘徐广曰：在朔方’），而置云中雁门代郡……燕亦筑长城，自造阳（《集解》：‘韦昭曰：地名，在上谷’）至襄平，置上谷、渔阳、右北平、辽西、辽东郡以拒胡”。大抵这时候，这一族在甘肃和山、陕、直隶北边的，都是“分散居溪谷”的小部落；所以汉族开拓，毫无抵抗之力（汉族之所以要筑长城，也是防这些小部落侵盗的缘故。像后世的匈奴、突厥……原不是长城所能防。后人议论秦始皇的筑长城，有人说他“立万世夷夏之防”，固然迂谬可笑。又有人说，筑了长城，还是无用，引后世史事为证，也是陷于“时代错误”的）。其中只有一族，根据在如今河套之内的，较为强大（大约因为地形平衍，易于合群）。这个便是秦汉时代的匈奴了。

第二节　东胡

太史公把古代的戎狄算作一族，并不能算他错；然而把东胡和匈奴混在一起，实在是弄错了的，为什么呢？因为东胡之后为“乌桓”“鲜卑”，乌桓、鲜卑和匈奴，确非同族。

《后汉书》《三国志》都说：乌桓、鲜卑是东胡之后，东胡为匈奴所破，遗族分保此二山，因名焉。后人因把“东胡”两个字，当作这一族的本名，乌桓、鲜卑，当作后起之名；因而有说东胡就是通古斯Tongus的译音的，依我看来，却实在不然。为什么呢？据《希腊罗马古史》，“里海以西，黑海以北，古代即有‘辛卑尔族’居之……故今黑海北境，有辛卑尔古城；黑海峡口，初名辛卑峡；而今俄人名乌拉岭一带曰西悉毕尔”（《元史译文证补》）。《北史·魏世纪》述“鲜卑”二字的由来，也说“国有大鲜卑山，因以为号”，东西相去数千里，不谋而合。可见所谓鲜卑，不是“部族以山名”，实在是“山以部族名”的。所以鲜卑部落，分布极广，而乌桓一部，从魏武帝柳城一捷后，就不复见于史（《新唐书》所载，乃一极小部落），可见得“鲜卑”二字，实在是此族的本名。《史记·索隐》引服虔“东胡，在匈奴之东，故曰东胡”。《后汉书·乌桓传》：“氏姓无常，以大人健者名字为姓。”《索隐》引《续汉书》：“桓以之名，乌号为姓。”这么说，“东胡”二字，是中国人因它居近匈奴，“貤匈奴之名以名之”（好比后世称菲律宾为小吕宋）。“乌桓”二字，是大人健者之名，是一个分部的名称。

这一族在古代，谓之山戎。据《史记·匈奴列传》，公元前706年，“山戎越燕而伐齐，齐釐（僖）公与战于齐郊。其后四十四年，而山戎伐燕，燕告急于齐，齐桓公北伐山戎，山戎走”，“其后燕有贤将秦开，为质于胡，胡甚信之。归而袭破走东胡，东胡却千余里”。这一族的根据地，似乎就是燕所开的上谷、渔阳、右北平、辽西、辽东五郡。为什么呢？因为后来汉武招致乌桓，助防匈奴，所居的也是这五郡塞外；可见得所谓“却千余里”者，就是弃这五郡之地［有人说鲜卑就是《禹贡》析支的转音（《大戴礼》作鲜支渠搜，《史记·五帝本纪》作斯支渠瘦）。这话似乎附会，我却以为颇为有理。为什么呢？如此说，则鲜卑氐羌，古代居地相近，而据《后汉书》所载，乌桓、鲜卑和羌人风俗极其相类。羌俗“氏族无常，或以父名母姓为种号”，可见母有姓而父无姓，乌桓亦“氏姓无常，以大人健者名字为姓”，又“怒则杀其父兄，而终不害其母，以母有族类，父兄无相仇报故也”。乌桓“妻后母，报寡嫂”，羌亦“父没则妻后母，兄亡则纳嫠嫂”，乌桓“俗贵兵死”，羌亦“以战死为吉利，病终为不祥”，可为古代曾经同居之证。这一族，连亚洲的西北方和北方都有，在古代，似乎也是从中亚高原分散出去的。《汉书·地理志》：朔方郡有渠搜县。蒋廷锡说就是《禹贡》上的渠搜后世往东北迁徙的（《尚书地理今释》），这一说，假定为确，则析支也可从如今的青海，迁徙到山陕北边。再看下一节貉族迁徙的事实，则析支从山陕北边再迁徙到燕北而为鲜卑，也不足为怪了］。

第三节　貉

东北方之族，鲜卑而外，还有一个貉。貉这一族，也有说它是东夷的［《说文》羊部：东方貉。《郑志》答赵商问：“九貉，即九夷。”（《正义》引）］，也有说它是北狄的（《说文》豸部：“貉，北方豸种”，《孟子·告子篇》赵注：“貉在北方”），到底哪一说可靠呢？我说都不差的；貉是始居北方，后来迁徙到东北方的。《诗·韩奕》：“王锡韩侯，其追其貊，奄受北国……”《郑笺》说：韩王韩城，所抚柔的，是“王畿北面之国”，又说“其后追也，貊也，为猃狁所逼，稍稍东迁”。这十五个字，便是貉族迁徙的历史。

何以知道郑说之确呢？《后汉书·夫余传》：“本涉地。”《三国志》：“耆老自说古之亡人，其印文言涉王之印。国有故城名涉城。盖本涉貉之地，而夫余王其中，自谓亡人，抑有似也。”这几句话，便是《韩奕》郑笺的注脚。“耆老自说古之亡人”，就是貉族人自记其“为猃狁所逼，稍稍东迁”的历史。不过《后汉书》说“本涉地”，《三国志》说“本涉貉之地而夫余王其中”，却是错误的。夫余就是涉貉，所以汉朝赏它的印文，还说是涉王之印，倘使夫余是另一个种族，而占据涉貉之地，那印文如何能说涉王之印呢？后汉一朝，和夫余往来极密，绝不会弄错的。况且果使如此，是夫余征服涉貉，是战胜攻取了，如何说是亡人呢？貉是种族的本名，涉是水名，貉族的一支，处涉水流域的，谓之涉貉，后来亦单称它为涉（又假用“萝”字）。《水经注》：“清漳径章武故城西，故涉邑也，枝渎出焉，谓之涉水（汉章武县，包括如今直隶大城、沧两县之境）。”这涉水，似乎就是涉貉所居的。但是它一个分部，不是它的全族。何以知道呢？因为《孟子》说：“夫貉，五谷不生，惟黍生之。”章武绝不是不生五谷的地方。可见得这一族的大部分，一定还在如今的长城之北［《后汉书》《三国志》的四裔传，是同本《魏略》，所以错便同错。《韩奕》的郑笺，一看很不近情理，所以疑心它的人很多。然而“追也，貊也，为狁狁所逼，稍稍东迁”，实在是一段种族迁徙重要的历史。唯郑君读书极博，然后能知之。王肃不知此义，于是解溥彼韩城的韩城为涿郡方城县的寒号城（《水经·圣水注》）。燕师所完的燕为北燕国（《释文》），以便将韩侯牵率到东北方去以就貉。巧则巧矣，而不知正不必如此之心劳而日拙也。王符《潜夫论》说：“周宣王时有韩侯，其国近燕。”也就是王肃一派的话。《山海经》根据这一派话，再加以造作，便说：“貉国在汉水东北，地近于燕，灭之。”更可发一大噱。所谓汉水，想必是朝鲜的汉江了。他只晓得朝鲜和燕国接界，朝鲜的南边，又有一条汉江；臆想貉国既近于燕，必定也近朝鲜；既近朝鲜，一定也近汉江；就臆造出这十三个字来。殊不知汉江是汉武帝灭朝鲜后把其地分置四郡的南界，因为这条江是汉朝的南界，所以有汉江之名（据朝鲜金泽荣《韩国小史》，这部书，南通县有刻本）。当北燕未亡之时，这条水，尚未名为汉江也。这一派伪书的不可信如此］。

貉族在古代和汉族没甚交涉；然而这一族人，东北走而为夫余，其后为句丽、百济，和中国的关系，却很深，所以著其缘起如此。

第四节　氐羌

氐羌二族，在古代，大约是根据于中亚高原的；后来分为许多支（在湟水流域，青海和黄河上流两岸的，是汉朝时候所谓羌人。在天山南路的，是汉时西域诸国中的氐羌行国。在祁连山一带的，是月氏。在今四川、云南和川边的，汉时谓之西南夷。均见后），其在古代和汉族有交涉的，在氐族为巴，在羌族为鬼方。

《说文》注："巴蜀，桑中虫也。"《魏略》（《三国志》注引）："氐……其种非一；或号青氐，或号白氐，或号蚺氐，此盖虫之类，中国人即其服饰而名之也。"可见此族当图腾时代，曾经用虫为标帜（参看严复译甄克思《社会通诠》）。据《后汉书》，板楯蛮，世居渝水左右（如今的嘉陵江），其人善于歌舞，汉高祖用它的兵，还定三秦，因而就采它的乐舞，唤作巴渝舞。武王伐纣，有"庸、蜀、羌、髳、微、卢、彭、濮人"，而《尚书大传》说"惟丙午，王逮师前，师乃鼓鼗噪，师乃慆，前歌后舞"，可见武王所用的兵，实在有巴氐在里头（《华阳国志》："周武王伐纣，实得巴蜀之师，巴师勇锐，歌舞以凌之。殷人倒戈，故世称武王伐纣前歌后舞也"）。到战国时，才为秦国所征服。《后汉书》说："及秦惠王并巴中，以巴氏为蛮夷君长，世尚秦女。其民爵比不更；有罪，得以爵除。其君岁出赋二千一十六钱；三岁一出义赋，千八百钱。其民户出幏布八丈二尺，鸡羽三十鍭。”又说：“秦昭襄王时，有一白虎，常从群虎，数游秦汉巴蜀之境，伤害千余人，昭王乃重募国中有能杀虎者，赏邑万家，金百镒。时有巴郡阆中夷人，能作白竹之弩。乃登楼射杀白虎。昭王嘉之，而以其夷人，不欲加封；乃刻石盟要，复夷人顷田不租；十妻不算；伤人者论，杀人者得以倓钱赎死。盟曰：‘秦犯夷，输黄龙一双，夷犯秦，输清酒一钟。’夷人安之。”话虽有些荒唐，却也是汉族抚柔这一族的一段历史。

羌人和汉族的交涉，只有《易经》上“高宗伐鬼方”，《文选》李善注引《世本》：“鬼方于汉，则先零戎也。”（《赵充国颂》）可证汉族在商朝时，对于这一族，曾用兵一次。此外无甚关系（《商颂》：“昔有成汤，自彼氐羌，莫敢不来享，莫敢不来王，曰商是常。”又《周书·王会解》也有氐羌，盖商周之先，都处西方，所以和这两族关系较密。又《商颂》“昔在成汤”云云，自系郑笺所谓“责楚之义，女乃远夷之不如”。后人因而牵合，说高宗的伐鬼方，就是“奋伐荆楚”。近人因而说鬼方就是夔，这是大错了的。请看《诗古微·商颂鲁韩发微》一篇）。

第五节 粤

以上所讲的，都是北方的种族，以下就要讲到南方了。南方的种族和汉族最早有交涉的，自然要推黎族（已见前面第三章第二节，兹不复赘），黎族之外，还有一个极大的种族，就是所谓“粤族”。粤也写作越。近来讲历史的人，对于“黎”“粤”二族，都不甚加以分别，未免失之笼统。①

“黎族”是后世所谓“苗族”，“粤族”是现在所谓“马来人”。这一种人，在古代也是根据在中亚高原的。后来沿横断山脉南下，分布在亚洲沿海之地。凡现在“亚洲的沿海”，和地理学上所谓“亚洲大陆的真沿边”，都是这一族人所据的。这个证据甚多，一时不暇细讲。我现在且从中国历史上，举出两条坚证如下：

其一，这一种人，是有“文身”的风俗的。从历史上看，如上所述的地方，都可发现同一的风习。

《礼记·王制》：东方曰夷，被发文身，有不火食者矣。南方曰蛮，雕题交趾，有不火食者矣（“雕文，谓刻其肌，以丹青涅之。”《正义》：“文身者，谓以丹青文饰其身……雕题交趾者，雕，谓刻也，题，谓额也，谓以丹青雕刻其额，非惟雕

① 黎粤之别。粤之特征及其居地。

额，亦文身也。”据《正义》，可知文身与雕题，就是一事。又不火食的风俗，东夷南蛮，也相同。《正义》说“以其地气多暖，虽不火食，不为害也”。南蛮的地方，诚然地气多暖，东夷何尝如此，可见夷蛮确系同族，所以有这同一的风俗）。

《汉书·地理志》：粤地……今之苍梧、郁林、合浦、交趾、九真、南海、日南，皆粤分也。其君禹后，帝少康之庶子云。封于会稽，文身断发，以避蛟龙之害（《史记·吴越世家》，已见第五章第一节）。

《后汉书·哀牢传》：种人皆刻画其身，象龙文。

又《东夷传》：倭地大校在会稽东冶之东，与珠崖儋耳相近。故其法俗多同。

《三国志》：男子无大小，皆黥面文身……夏后少康之子，封于会稽，断发文身，以避蛟龙之害。今倭人好沉没捕鱼蛤，亦文身以厌大鱼水禽，后稍以为饰。诸国文身各异；或左或右，或大或小，尊卑有差。以朱丹涂其身体，如中国用粉也。

《后汉书》：马韩……其南界近倭，亦有文身者。弁辰……其国近倭，故颇有文身者。

《北史·流求传》（流求，如今的台湾省）：妇人以墨黥手，为虫蛇之文。

《南史·扶南传》：文身被发。

阎若璩《四书释地三续》：《留青日札》曰：某幼时及见

今会城住房客名孙禄。父子兄弟，各于两臂背足，刺为花卉、葫芦、鸟兽之形。因国法甚禁，皆在隐处，不令人见，某令解衣，历历按之。亦有五采填者，分明可玩。及询其故，乃曰：业下海为鲜者，必须黥体。方能避蛟龙鲸鲵之害也。方知断发文身，古亦自有；《汉书·地理志》于粤已云。录此者，以见今犹信耳。

其二，食人的风俗，前文所述的地方也是都有的。

《墨子·鲁问》：楚之南，有啖人之国者。其国之长子生，则解而食之，谓之宜弟。美则以遗其君。君喜则赏其父（《后汉书·南蛮传》引这一段，以为当时的乌浒人。注："万震《南州异物志》曰：乌浒，地名。在广州之南，交州之北。恒出道间，伺候行旅，辄出击之。利得，人食之，不贪其财货；并以其肉为肴葅；又取其髑髅破之以饮酒。以人掌趾为珍异，以食老也。"《节葬下》："越东有輆沐之国，其长子生，则解而食之，谓之宜弟"）。

《左传·僖公十九年》：宋公使邾文公用鄫子于次睢之社，欲以属东夷。

《南史·毗骞传》：国法刑人，并于王前噉其肉。国内不受估客，往者亦杀而食之，是以商旅不敢至。

《北史·流求传》：国人好相攻击，收斗死者，聚食之……其南境，人有死者，邑里共食之……战斗杀人。便以所杀人祭其神。

《隋书·真腊传》：城东有神，名“婆多利”。祭用人肉，其王年别杀人，以夜祀祷。

以上两种证据，都系略举。若要全抄起来，还可得许多条。此外，一、如铜鼓，是这一种人所独有的器具，含有宗教上的意味；而铜鼓发现的地方，和我刚才所说这种人分布的地方相合（详见近人《饮冰室文集·中国民族历史上之观察》）。二、《后汉书·南蛮传》说“珠崖、儋耳二郡，在海洲上……其渠帅，贵长耳，皆穿而缒之，垂肩三寸”。《淮南子·地形训》说耽耳在北方。也可见得这种人的分布，是沿海而成一半规形。总而言之，现在“亚洲的沿海”，和地理学上所谓“亚洲大陆的真沿边”，都是这一种人所分布的区域，如今称为马来人，古人则谓之粤——越——古代所谓东夷者，都是此族，所谓南蛮者，却不是此族——黎族——为什么古代不称此族为南蛮呢？因为夷、蛮、戎、狄是和汉族接境的少数民族，间接的就不在内（参看下章自明）。

古代这一族和汉族有交涉的，便是：

嵎夷（《书·尧典》：“宅嵎夷，曰旸谷。”《释文》：

“马曰：嵎，海嵎也。夷，莱夷也。《尚书考灵曜》及《史记》作禺銕。”《禹贡》青州“嵎夷既略”。《索隐》按《今文尚书》及《帝命验》并作禺銕，在辽西，銕，古夷字也。《说文》土部：“嵎夷，在冀州阳谷，立春日，日直之而出。”山部：“崵山，在辽西。一曰：嵎銕崵谷也。”按《说文》既加“一曰”二字，则“嵎夷崵谷也”与“崵山在辽西”，明非一义。《索隐》：“在辽西”三字，须另为一句。不得认作《今文尚书》和《帝命验》里的话。嵎夷自系莱夷。当以马说为准）。

鸟夷（《书·禹贡》：冀州“岛夷皮服”，《史记》作鸟。《集解》：“郑玄曰：鸟夷，东北之民，搏食鸟兽者。”《书疏》亦谓“孔读鸟为岛”，则今本岛系误字。扬州“岛夷卉服”。《汉书·地理志》亦作鸟。按《后汉书·度尚传》：“深林远薮椎髻鸟语之人。”注：“鸟语，谓语声。似鸟也。”《哀牢传》：“其母鸟语。”此亦鸟夷的一义。《孟子》所谓“南蛮鴃舌之人”）。

淮夷（《禹贡》：“淮夷玭珠暨鱼。”《史记集解》“郑玄曰：淮水之上民也”）。

徐戎（《说文》：郐，“邾下邑也，鲁东有徐城”，《史记·鲁世家》：“顷公……十九年，楚伐我，取徐州。”《集解》：“徐广曰：徐州，在鲁东，今薛县。”《索隐》“……

又《郡国志》曰：鲁国薛县，六国时曰徐州”）。

其中以（一）莱夷和（二）淮夷徐戎为两大宗。莱夷灭于齐（《春秋·襄公六年》），淮泗夷到秦有天下，才悉散为人户（《通典》）。其南岭以南，则直到秦始皇手里才被征服（见《中古卷》第一章）。

第六节　濮

濮族，就是如今的倮㑩，《周书·王会解》作卜（“卜人以丹砂。”孔注：“卜人西南之蛮。”王应麟补注：“卜人即濮人”），《说文》作僰（云“犍为蛮夷也”），都是一音之转（长言之则曰“倮㑩”。短言之则曰“濮”、曰“卜”、曰“僰”。唐时称这种人为“乌白蛮”，是中国人以其服饰称之，不是他种族之名。试观《唐书》所载，初裹五姓，都是乌蛮，他的妇人衣黑缯，东钦二姓，是白蛮，他的妇人，就都衣白缯可见。元以后仍就其种族之名译音）。这种人，就是汉朝时候的夜郎、滇、邛都诸国。其居地，在黔江、金沙江、大渡河流域（详见《中古卷》第四章第四节）。在古代，和汉族有交涉的，却还在其北。所以韦昭《国语注》，说濮是“南阳之国”（《郑语》）。杜预《释例》说：“建宁郡南有濮夷，濮夷无君长总统，各以邑落自聚，故称百濮也。”（见《左传·文公十六年》，建宁，如今湖北的石首县——编者注：今为石首市）这种人，当周初已与王会（又《伊尹四方令》：正南亦有百濮），楚蚡冒得濮之后，就服属于楚。楚国的黔中郡，大概就是这一族的地方。“楚威王时（公元前339年至公元前329年），使将军庄蹻将兵循江上（牂牁江），略巴、黔中以西……蹻至滇池……以兵威定属楚。”于是中国的兵力，直达今云南省东北部。“会秦击夺楚巴、黔中郡，道塞不通，因乃以其众王滇，变服，从其俗以长之。”于是从黔中以西南，仍旧未入中国版图。直到汉武帝时，方才开辟（以上据《汉书·西南夷传》）。

第七章　中国古代的疆域

考究中国古代的疆域，有好几种方法：其一是按古人所说"服"的里数和封建的国数来计算。①这是有数字为凭的，似乎最为精确。

> 《禹贡》五百里甸服：百里赋纳总，二百里纳铚，三百里纳秸服，四百里粟，五百里米；甸服外五百里侯服：百里采，二百里任国，三百里诸侯；侯服外五百里绥服：三百里揆文教，二百里奋武卫；绥服外五百里要服：三百里夷，二百里蔡；要服外五百里荒服：三百里蛮，二百里流。

① 服之里数，封建国数，九州疆域，疆域四至，帝都所在，实力所至 {帝都
真封建}，声教所及赢缩。

其间便有许多异说：

（一）《今文尚书》欧阳夏侯说：谓中国方五千里（《王制正义》引《五经异义》），史迁同（《诗·商颂正义》：按《史记·夏本纪》，令天子之国以外五百里甸服……甸服外五百里侯服……侯服外五百里绥服……绥服外五百里要服……要服外五百里荒服）。

（二）《古文尚书》说：五服旁五千里，相距万里（《王制正义》引《五经异义》）。

（三）贾逵、马融：……甸服之外，每百里为差，所纳总秸粟米者，是甸服之外，特为此数；其侯服之外，每言三百二百里者，还就其服之内别为名耳，非是服外更有其地（《诗·商颂正义》）。是为三千里，相距方六千里（《禹贡正义》）。

许慎、郑玄都是从《古文尚书》说的，而其间又有异同。许慎只说："以今汉地考之，自黑水至东海，衡山之阳至于朔方，经略万里。"所以从《古文尚书》说（《王制正义》引《异义》）。郑玄的意思，却分别出黄帝、尧、舜和三代之末疆域不同来。他又说周初的疆域也比殷朝大，所以他注《易·系辞》"阳一君而二民，君子之道也，阴二君而一民，小人之道也”道：

一君二民，谓黄帝尧舜；谓地方万里，为方千里者百；中国之民居七千里，七七四十九，方千里者四十九；夷狄之民居千里者五十一；是中国夷狄，二民共事一君。二君一民，谓三代之末。以地方五千里。一君有五千里之土；五五二十五，更足以一君二十五，始满千里之方五十，乃当尧舜一民之地，故云二君一民。实无此二君一民，假之以地为优劣也（《王制正义》《职方》贾疏：“……先生之作土有三焉：若太平之时，土广万里，中国七千；中平之世，土广七千，中国五千；衰末之世，土广五千，中国三千”）。

所以他注《皋陶谟》“弼成五服，至于五千”，也说：

……尧制五服，服各五百里；要服之内四千里曰九州，其外荒服曰四海。禹所弼五服之残数，亦每服者合五百里，故有万里之界焉。[他说：“《禹贡》……每言五百里一服者，是尧旧服；每服之外，更言三百里、二百里者，是禹所弼之残数。”（《商颂正义》）]

他之所以如此说，实在是要牵合《周官·职方氏》服数之故。按《职方氏》：

乃辨九服之邦国：方千里曰王畿，其外方五百里曰侯服，又其外方五百里曰甸服，又其外方五百里曰男服，又其外方五百里曰采服，又其外方五百里曰卫服，又其外方五百里曰蛮服，又其外方五百里曰夷服，又其外方五百里曰镇服，又其外方五百里曰藩服。

他注“弼成五服”便说：

去王城五百里曰甸服；其弼当侯服，去王城千里；其外五百里为侯服，当甸服，去王城一千五百里；其弼当男服，去王城二千里；又其外五百里为绥服，当采服，去王城二千五百里；其弼当卫服，去王城三千里；其外五百里为要服，与周要（这个字是错的，应当作蛮）服相当，去王城三千五百里；四面相距为七千里，是九州之内也……要服之弼，当其夷服，去王城四千里；又其外五百里曰荒服，当镇服；其弼当藩服，去王城五千里；四面相距，为方万里也。

再把封建的国数合起来，也是如此。按《异义》：“《公羊》说：殷三千诸侯，周千八百诸侯。《左氏春秋》说：禹合诸侯于涂山，执玉帛者万国。唐虞之地万里，容百里地万国。其侯伯七十里，子男五十里，余为天子闲田。许慎谨按《易》曰：万国咸宁。《尚书》曰：协和万邦，从左氏说。”郑玄便驳他道：诸侯多少，异世不同。万国者谓唐虞之制也。武王伐纣，三分有二，八百诸侯，则殷末诸侯千二百也，至周公制礼之后，准王制，千七百七十三国，而言周千八百者，举其全数（《王制正义》）。

他这一驳，也系要牵合《周礼》之故：

《王制》：凡四海之内九州，州方千里。州建百里之国三十，七十里之国六十，五十里之国百有二十，凡二百一十国；名山大泽不以封，其余以为附庸闲田。八州，州二百一十国。天子之县内，方百里之国九，七十里之国二十有一，五十里之国六十有三，凡九十三国；名山大泽不以朌；其余以禄士，以为闲田。凡九州，千七百七十三国；天子之元士，诸侯之附庸不与。

《周官·职方氏》：凡邦国千里封公以方五百里则四公，方四百里则六侯，方三百里则七伯，方二百里则二十五子，方百里则百男，以周知天下（《郑注》方千里者，为方百里者百，以方三百里之积，以九约之，得十一有奇，云七伯者，字之误也）。

郑玄注《王制》，说：“禹承尧舜……诸侯之地，有方百里，有方七十里，有方五十里……”既然说是万国，则“要服之内，地方七千里，乃能容之（《正义》引郑注《皋陶谟》‘州十有二师’道：‘……犹用要服之内为九州，州立十二人为诸侯师；盖百国一师，则州十有二师，则每州千二百国也。八州九千六百国，其余四百国在畿内’）。夏末既衰，夷狄内侵，诸侯相并，土地减，国数少；殷汤承之，更制中国方三千里之界，亦分为九州，而建此千七百七十三国焉。周公复唐虞之旧域，分其五服为九；其要服之内，亦方七千里；而因殷诸侯之数，广其土，增其爵耳。”

这许多数字，一味望空打官司，绝无解决之理。要解决它，只有两法：其一，咱们本想靠里数来考见疆域的，现在反要有一个大略的疆域，来考核它的数目，谁对谁不对。其二，就是根据当时所有的国数，来评判他们的说法。然而古代的疆域，就靠得住的大略，也不容易说出来。他们辩论的方法，有一种，说《汉书·地理志》，“所言山川，不出《禹贡》之域”。要想用《汉志》上的里数，来校勘“服”的里数，总算差强人意。然而辩护起来，又有两种巧法，说一种是据“虚空鸟路，方直而计之”；一种是据“着地人迹，屈曲而量之”（《禹贡正义》）。这么一来，就有确定的疆域，也无从和他们核算里数了。第一个法子，就不能用。第二个法子，他们本来说是“设法”的（《王制职方》郑注），并没说真有这许多国，更无从和他们核算。那么，咱们第一种方法，想用服的里数和封建的国数来考古代疆域，就算失败了，请换第二种方法。

第二种方法，是用古人所说的“州”来考古代的疆域。古人所说的州有三种：

（一）《禹贡》：冀州（《公羊·庄公十年》疏引郑注……两河间曰冀州），济河惟兖州，海岱惟青州，海岱及淮惟徐州，淮海惟扬州，荆及衡阳惟荆州，荆河惟豫州，华阳黑水惟梁州，黑水西河惟雍州。

（二）《尔雅·释地》：两河间曰冀州，河南曰豫州，河西曰雍州，汉南曰荆州，江南曰扬州，济、河间曰兖州，济东曰徐州，燕曰幽州，齐曰营州（《吕氏春秋》：“河汉之间为豫州，周也。两河间曰冀州，晋也。河、济间曰兖州，卫也。东方为青州，齐也。泗上为徐州，鲁也。东南为扬州，越也。南方为荆州，楚也。西方为雍州，秦也。北方为幽州，燕也。”和《尔雅》的说法相合）。

（三）《周官·夏官·职方氏》：东南曰扬州，正南曰荆州，河南曰豫州，正东曰青州，河东曰兖州，正西曰雍州，东北曰幽州，河内曰冀州，正北曰并州。

《尔雅》郭璞注："此盖殷制。"《释文》引李巡，《诗·周南·召南谱疏》引孙炎说同；又《周礼》到底靠得住与否，咱们且都不必管它。把这三种说法校对起来，《尔雅》较《禹贡》，少一个梁州，而多一个幽州。《职方》又少一个徐州，而多一个并州。贾疏说："以徐梁二州，合之雍青，分冀州以为幽并也。"咱们也且承认他是正确的［从实际上论起来，殷周除盛时不敢说外，雍州的境界，必较《禹贡》为小；梁州有无不可知。《书·尧典》（伪古文分为《舜典》）："肇十有二州。"《史记集解》："马融曰：禹平水土，置九州；舜以冀州之北广大，分置并州；燕齐辽远，分燕置幽州，齐为营州……"《尔雅·释文》引郑玄说："舜以青州越海，而分齐为营州；冀州南北太远，分卫为并州，燕以北为幽州。"《汉书·地理志》说："尧遭洪水……天下分绝，为十二州；使禹治之，水土既平，更制九州。"伏生《尚书大传》则"肇"作"兆"，《郑注》云："兆，域也。为营域以祭十二州之分星也。"（《仪礼通解续》）则并不作分州解。这十二州的分，在什么时候，也暂不必管它。照马、郑的说法，疆域和《禹贡》的九州，也没甚大出入］。将《禹贡》的九州，核起如今的地方来，则冀州当今直隶（今河北）、山西二省；兖州跨今直隶（今河北）、山东二省；青州当今山东省的东北部；徐州当今山东省的南部和江苏、安徽二省的北部；荆州大略当今湖北、湖南两省，豫州大略当今河南，都无疑义（这是大略说的，并不精确）；只有雍梁二州的黑水、扬州的海，是一个疑问。依我看，第三章第二节所说的黑水，似乎是靠得住的。扬州的海，还是《郑注》“自淮而至海以东也”之说可靠（《公羊·庄公十年》疏引）；《伪孔传》“南至海”之说，实在不可从。那么扬州的境域，当今江苏、安徽两省的大部分（除去淮北）和江西（鄱阳湖一带）、浙江（太湖流域）的一部分；雍州当今陕、甘两省，包括青海的大部；梁州包括四川和川边（云南省的北部——金沙江流域——或者也在其内）。《禹贡》的九州，较今内地十八省：少两广、云、贵、福建，而多川边、青海；或者包括如今奉天省（今辽宁）的一部分（这是承认青州越海之说）。

这一种方法，因为它有山川做封域的证据，比第一种说法，靠得住许多。但是咱们还要用一种方法来核对它。

第三种方法，便是考校古人所说“疆域的四至”。

一、《史记·五帝本纪》：东至于海，登丸山（《集解》：“徐广曰：丸，一作凡。骃按《地理志》曰：丸山，在琅邪朱虚县。”按：如今《汉书·地理志》作凡山）及岱宗；西至于空桐（《集解》“韦昭曰：在龙右”），登鸡头（《索隐》："山名也。后汉王孟塞鸡头道，在陇西……"）；南至于江，登熊、湘（《集解》："骃按《封禅书》曰：南伐至于召陵，登熊山。《地理志》曰：湘山，在长沙益阳县"）；北逐荤粥，合符釜山，而邑于涿鹿之阿（按：这是指黄帝的）。

二、又南抚交阯北发（《索隐》："当云北户"），西戎、析支、渠搜、氐、羌（《索隐》："西戎上少一西字"），北山戎、发、息慎（《索隐》："《汉书》：北发是北方国名……山戎下少一北字"），东长、鸟夷（《索隐》："长字下少一夷字……今按《大戴礼》亦云长夷，则长是夷号。"按：这是说舜的）……

三、《书·禹贡》：东渐于海，西被于流沙，朔南暨，声教讫于四海。

四、《礼记·王制》：自恒山至于南河，千里而近；自南河至于江，千里而近；自江至于衡山，千里而遥；自东河至于东海，千里而遥；自东河至于西河，千里而近；自西河至于流沙，千里而遥。西不尽流沙，南不尽衡山，东不尽东海，北不尽恒山。凡四海之内，断长补短，方三千里。

五、《尔雅·释地》：东至于泰远，西至于邠国，南至于濮铅，北至于祝栗，谓之四极；觚竹、北户、西王母、日下，谓之四荒；九夷、八狄、七戎、六蛮，谓之四海［夷、蛮、戎、狄的数目，《尔雅》和《明堂位》不同。《明堂位》是九夷、八蛮、六戎、五狄。但郑笺《诗·蓼萧序》，同现在的《尔雅》相同；注：《周官·职方布宪》，又和《明堂位》相同。《蓼萧序疏》说："数既不同，而俱云《尔雅》，则《尔雅》本有两文。"又说："李巡所注的《尔雅》，是属于后一种。"《周官·职方氏》，是作四夷，八蛮，七闽，九貉，五戎，六狄。《职方》贾疏说：《尔雅》所说是夏制，《大戴礼》卢辨注又说这是殷制。"夏之夷国，东方十，南方六，西方九，北方十有三。"我说夷、蛮、戎、狄，是古代居于四方的外族之名。是以方位论，不是以种族论（见上章），现在要靠它考见当时的种族，即不可能。至国数，则《郑志》答赵商问，说"无别国之名，故不定"（《蓼萧序疏》）。其实这种部落，也未必能称为国家。要靠它考见古代的疆域，也做不到。所以数字的异同，可以置诸不论不议之列。既然是按四方的方位说，不是以种族论，自然用不着添出闽貉两种来，所以《周官》是靠不住的。《王制正义》引李巡《尔雅》注，九夷、八蛮等，都有国别之名，这个更不可信了］。

以上几种说法，第一种是说黄帝足迹所至（上文说披山通道，未尝宁居；下文说迁徙往来无常处，以师兵为营卫），姑且不论它。第二、三、四、五种，都是说当时"疆域四至"的，第三说明"四海"，第四说明"四海之内"，较为精确；

第五把“四海”“四荒”“四极”，分作三层，更为清楚。咱们现在且从此研究起。《尔雅》郭注说：四极，“皆四方极远之国”；四荒，“次四极者”；四海，“次四荒者”。但是我有点疑心。《大戴礼·千乘篇》：“东辟之民曰夷……至于大远……南辟之民曰蛮……至于大远……西辟之民曰戎……至于大远……北辟之民曰狄……至于大远……”这“大远”，分明是次于四海的，不应反在四荒之外。再看邠国，《说文》引作汃，说“西极之水也”。邠是西极，汃是西极之水，这个同没有解释一样；但汃、邠是同音字，邠就是豳（《释文》：“邠，本或作豳。”文颖《上林赋》注和《白帖》引《尔雅》，都作豳），是公刘所邑。濮铅，已见上章第六节；祝栗，邵晋涵（《尔雅正义》）说就是涿鹿的声转（涿鹿，见第三章第二节），把邠国和濮铅的位置校勘起来，也在情理之中。地方都不很远：孤竹则《汉书·地理志》说辽西郡令支县（如今直隶的卢龙县——编者注：今为河北卢龙县）有孤竹城，比涿鹿远；西王母则《淮南子·地形训》说“在流沙之滨”，比邠国远；北户，后世的史传，还可考见是后印度半岛粤族的风俗（他们的户，都是向北），比濮铅远；只有日下，指不出确实的地方，然而就上三种比较起来，断不得远于太远，这么说，“四极”断不在“四荒”之外（参看朱绪曾《闲有益斋经论·西至于濮》一篇）。郭注怕是弄错了的。我们可以疏通证明，说：

一、《王制》的东海、流沙、衡山、恒山，是当时中国的边界；自此以外，谓之四夷。《禹贡》所说的也属于这一种。

二、《尔雅》的泰远、邠国、濮铅、祝栗，是比这远一层的；黄帝所到的地方，和这一说相近（假定祝栗是涿鹿的声转）。

三、日下、西王母、北户、孤竹，是更远一层，舜时声教所到的地方，和这个相近（北发当作北户，不必说了。山戎在孤竹附近，春秋时还是如此。《大戴礼·少闲篇》："昔虞舜以天德嗣尧……西王母来献其白琯。"都可以作为证据）。

但是还有个疑问，《尔雅》所说"距齐州以南戴日为丹穴，北戴斗极为空峒，东至日所出为太平，西至日所入为大蒙"又是什么地方呢？我说这个怕是"根据天象推算出来的，未必实有其地"。古人说天有九野（《淮南子·天文训》），就说地有九州（《淮南子·天文训》和《地形训》。又斗九星主九州，见《续汉志·天文志》注）；说地有十二州，天上也就有十二次舍（见《史记·天官书正义》）；又说一生二，二生三，三生万物……以三参物，三三为九……因而九之，九九八十一……（《淮南子·天文训》）就有大九州，比中国加八十一倍之说（《史记·孟子荀卿列传》载邹衍的说法。《史记》说它，"先列中国名山大川，通谷禽兽，水土所殖，物类所珍，因而推之，及海外人之所不能睹”，明系凭虚推测。大九州之名，见于《淮南子·地形训》。又《周官·职方》贾疏，“……但自神农以上，有大九州：桂州、迎州、神州之等。至黄帝以来，德不及远，惟于神州之内，分为九州，故《括地象》云，昆仑东南万五千里，名曰神州是也”。但都无从考校）；可见得全是凭虚推测。无论哪一个社会里，天文学总发达得很早。两极之下，“夏有不释之冰”“物有朝生暮获”（见《周髀》），虽不必亲历其境，据着天象，都可以算得出来。丹穴、空峒、太平、大蒙，不过就“戴日”“戴斗极”“日所出”“日所入”之处，替它立个名目罢了，如何能指实其地呢?

以上所说，把古人所说中国疆域的大略，总算弄清楚了。但是还有几个问题，便是如上所说，是古代“实力所至”呢，还是“实力所至，和声教所及，还是有区别”的呢？若说有区别，那实力是“如何渐次扩充”的呢？实力所到的地方，还是“时有赢缩”的呢，或是“一进而不复退”的呢？那么，实力自然是“渐次扩充”的，而且绝不能没有赢缩。要考见其中的真相，最好是把“真正的封建”所及的地方，来做标准（古人所用“封建”两个字，意义实太广漠。真是征服外族，把它的地方，来封自己的同姓懿亲，可以称为封建。若本来是各居其国，各子其民，不过因国势的强弱，暂时表示服从，就不能用这两个字。然而古人于此，都没有加以区别）。但是夏殷以前，并此而办不到。那么，只得另想一法，按古代帝都所在的地方，来窥测其实力所至。帝喾以前，连帝都所在，也是茫昧的［只有《帝王世纪》，于古代帝王一一载其年代都邑。然而这部书很靠不住，江艮庭（声）说：皇甫谧所说的话，没有一句靠得住］。据前面第四章第一节所考，可见得尧舜禹三代，都建都在太原，而禹又兼都阳城，到桀还是在阳城的。商周之先，都是从如今的陕西，用兵于河南，得手之后，就直打到如今山东的东部，江苏、安徽的北部。至于河南的西南部、湖北的西北部，也是竞争时候紧要的地方。可见古代汉族的实力：在陕西省里，限于渭水流域；在山西省里，限于太原以南；在直隶省里，限于恒山以南；河南一省，除西南一部外，大概全在汉族势力范围之内；山东的东部（半岛部），却是异族；江苏、安徽的淮域，虽是少数民族，总算是关系较深的；对于湖北，仅及汉水流域，江域还是没有设开辟的地方（参看前面第四、第五、第六三章）。周初封建的国，也还是如此（齐、晋、楚初封的时候，都是和外族接境的。秦、吴、越等国，是封在蛮夷之地。关于周代封建的国，可以参看《春秋大事表》中的《列国爵姓及存灭表》）。长江流域和直隶山陕的北部、甘肃的东部、山东的东北部的开辟，都是东周以后的事；南岭以南，当这时代还不过仅有端倪，到秦汉时代才完全被征服。看前文所说的事情，已经很明白了。咱们现在，更把秦朝所设的三十六郡中哪几郡是战国时代哪一国的地方，来考校一下，便更觉得清楚。

太原、巨鹿、云中、雁门、代、邯郸，这几郡都是赵国的地方。

上党、三川、颍川、南阳是周朝的地方，其余都是韩国的地方。

河东、东郡、上郡，这是魏国的地方。

南郡、九江、泗水、会稽、汉中、砀、薛、长沙，这是楚国的地方。

齐、琅邪，这是齐国的地方。

上谷、渔阳、右北平、辽西、辽东，这是燕国的地方。

此外，巴蜀两郡，是灭蜀之后置的。陇西、北地两郡，是义渠的地方。内史所属，是秦国的旧地。南海、桂林、象三郡，是秦始皇并天下之后，略取南越的地方置的。[见《中古卷》第一章（还有九原郡，也是并天下之后所置。三十六郡，据《汉书·地理志》）]。

第八章　古代社会的政治组织

第一节　古代社会的阶级制度

三代以前的社会和后世大不相同是人人知道的，但是三代以前的社会，究竟是怎样一种组织呢？

大凡天下之事，没有不由分而合的。古代交通未便，一水一山之隔，人民就不相往来，自然要分作无数小部落；既然分作无数小部落，自然免不掉争斗；既然要互相争斗，自然总有个胜败。“胜的人是征服者”“败的人是被征服者”，社会上就生出“平民”“贵族”两个阶级；权利义务，种种不同，这是把古书随手一翻，就可以见得的（譬如《尧典》说：“以亲九族，九族既睦；平章百姓，百姓昭明；协和万邦，黎民于变时雍。”九族，百姓，黎民，等级层次，分得很为清楚），但是天下无论什么暴力，总是百年或数十年就过去的；古代这一种阶级社会，却持续了数千年，这是什么道理呢？要明白这个道理，就不得不考察当时“贵族社会自身的组织”。

人类最初的团结，总是血统上的关系。这个便唤作“族”。所以《白虎通》说：“族者，凑也，聚也，谓恩爱相流凑也；生相亲爱，死相哀痛，有会聚之道，故谓之族。”所谓九族是：

父族四：各属之内为一族，父女昆弟适人者与其子为一族，己女昆弟适人者与其子为一族，己之子适人者与其子为一族。母族三：母之父姓为一族，母之母姓为一族，母女昆弟适人者为一族。妻族二：妻之父姓为一族，妻之母姓为一族［这是今《戴礼》《尚书》欧阳说。见《诗·葛藟正义》引《五经异义》。古文家把“上自高祖，下至玄孙”，算作九族（《书·尧典释文》），则是九世，不是九族了］。

再从竖里头算起来，就有所谓“九世”。这便是“上自高祖，下至玄孙”；再由此而旁推之，就成了一篇《尔雅》上的《释亲》。《礼记·大传》上所谓“上治祖祢……下治子孙……旁治昆弟……”是说得最概括的。有这横竖两义，就把血族里头的人团结起来了。

但是这种团结，范围究竟还不十分大；出于九族九世以外的人，又想个什么法子呢？《白虎通》说：

> 宗，尊也；为先祖主也，宗人之所尊也。

有了“宗法”，便把血族团体里头的人无论亲疏远近都团结了起来；横里头的范围也广，竖里头的时间也持久了。所以，宗法实在是“古代贵族社会组织的根柢”。

宗法社会里，最重的就是“宗子”。这个宗子，便是代表始祖的。譬如有个人，征服了一处地方，他在这个地方，就做了王，这便是“大祖甲”；他的嫡长子，接续他做王的，便是“大宗乙”；他还有庶子“次乙”，分封出去，做个诸侯，这个便是“小宗”；但是因为他做了诸侯，他的子孙，也奉祀他做大祖；他的嫡系，接续他做诸侯的，也唤作大宗；那么，次乙的子孙，对于乙这一支，固然是个小宗；对于次乙的诸子，分封出去做大夫的，却是个大宗；做大夫的，倘然再把自己的地方分给子弟，也是如此，这个分封出去的次乙，便是《大传》所谓“别子为祖”；次乙的嫡系接续下去做诸侯的，便是所谓“继别为宗”。普通的所谓“宗”，本来是“五世则迁”的；这个“继别”的“大宗”，却是“百世不迁”。凡是大祖的子孙，他都有收恤的义务；这许多人，也都有尊敬他的义务；那么，有了一个宗子，就把从始祖相传下来的人都团结不散，而且历久不敝了（《大传》所谓“同姓从宗合族属”）。

单是把这许多人团结在一块，原没有什么道理，但是当时所谓“为祖”的“别子”，都是有土地的——不是诸侯，就是大夫；所以继“别子”而为“宗子”的，都有收恤族人的力量；他的族人为自卫起见，要保守自己族里的财产，也不得不尽辅翼宗子的责任。这件事情的内容，便是有一个人，占据了一片土地，用这土地上的出产和附属于这土地的人民的劳力，来养活自己一族的人。自己族里的人，便帮同他管理这一片土地上的事务。倘然土地大了，一个人管辖不来，便把自己的族人分派一个出去。这分派出去的族人，管理他所受分的土地，也用这个法子，这便是古代的“封建政体”（所以封建政体，是从“族制”发达而成的）。

倘然一族的人，始终住在一处，并没有分散出去，这一处地方上，也并没有别一族的人和其杂居，原用不着这种法子。所以宗法之起，是为对抗外族而设的。

所以在古代，“修身”“齐家”“治国”“平天下”，可以说作一串。所以说“亲亲故尊祖，尊祖故敬宗，敬宗故收族，收族故宗庙严，宗庙严故重社稷，重社稷故爱百姓……”（《礼记·大传》）把一国的事情和一家的事情，看作一橛。

所以看得“孝”那么重——因为一个“孝”字，就把全社会——贵族社会——所以自卫的道理，都包括在里头。

所以在古代，天子要“抚诸侯”，诸侯要“尊天子”，也只是宗子收恤族人，族人尊敬宗子的道理。列国之间，要“讲信修睦”，也只是同宗的人或者同族的人互相亲爱，和全体社会是无关的。

再进一步，要扶持同族的人，叫他们都不失掉固有的位置，就有所谓“兴灭国继绝世”之法。《韩诗外传》说：

> 古者诸侯始受封，则有采地：百里诸侯以三十里，七十里诸侯以二十里，五十里诸侯以十里；其后子孙虽有罪而绌，使其子孙贤者守其地，世世以祠其始受封之君；此之谓兴灭国，继绝世也（《路史·国名纪四》）。

他们同族不但都有分地，而且一有分地，就互相扶持，叫他们永久弗失。当时的贵族社会，有如此“精密”“广大”“持久”的组织，平民社会，如何同它对抗呢？无怪“阶级制度”要持续至数千年之久了。

然则这种制度，到后来是怎样破坏的呢？这个仍出于“贵族团体自身的破裂”。古人论封建制度说得好，做了皇帝，分封自己的弟兄子侄，出去做诸侯王；初封出去的时候，是亲的；隔了几代，就是路人了，怎不要互相猜忌？况且有国有家，原是利之所在，怎叫人不要互相争夺？况且初行分封制的时代，总是地广人稀；得了百里、七十里、五十里的地方，四面八方，凭着你去开辟，总不会和人家触接。到后世就不然了，你要开拓，就得要侵占人家的地方，怎不要互相冲突？互相冲突就总有灭亡的人。诸侯相互之间是如此，卿大夫相互之间也是如此（譬如晋国的六卿，互相吞并），所以古代的封建，是夺了外族的地方来分给自己的人。到了后世，便变作自己的“伯叔兄弟”，或者是“母党”“妻党”的人，互相争夺。争夺之后，丧失产业的，便做了平民。少数的人所兼并的土地愈多，丧失土地变作平民的就愈多，那么，古代的阶级社会就渐渐地崩坏而变为平民社会了。所以古代做官的人，都是所谓“世卿”，到后世却变作了“游士”；古代当兵的人，都是所谓“士”之一族，到后世却渐渐普及全国的人，都是这一个道理（见后）。

第二节 封建

古代社会的阶级制度，既然明白，就可以进而观古代的“封建制度”了。

用后世人的眼光来看，封建的诸侯和不世袭的命官，是大相径庭的。在古代的人来看，却没有什么根本上的区别。为什么呢？外诸侯是有分地的，内里的公卿大夫也是有分地的；其或治民，或不治民；或世袭，或不世袭，不过因所处的地位不同渐渐地生出区别来，根本上的观念总是一样，就是把一定的土地，分给同宗族的人——所以古人说起“官制”或“封建制度”来，总是把外诸侯和内里的公卿大夫连类并举。

《王制》：王者之制禄爵：公、侯、伯、子、男，凡五等。诸侯之上大夫卿、下大夫、上士、中士、下士，凡五等。天子之田方千里；公侯田方百里，伯七十里，子男五十里。不能五十里者，不合于天子，附于诸侯，曰附庸。天子之三公之田视公侯，天子之卿视伯，天子之大夫视子男，天子之元士视附庸。制农田百亩。百亩之分：上农夫食九人，其次食八人，其次食七人，其次食六人，下农夫食五人。庶人在官者，其禄以是为差也。诸侯之下士，视上农夫，禄足以代其耕也；中士倍下士，上士倍中士，下大夫倍上士，卿四大夫禄，君十卿禄；次国之卿，三大夫禄，君十卿禄；小国之卿，倍大夫禄，君十卿禄。

《孟子·万章下篇》，载孟子答北宫锜的问，说：“天子一位，公一位，侯一位，伯一位，子男同一位，凡五等也。”和《王制》“公侯伯子男凡五等”异。又说“君一位，卿一位，大夫一位，上士一位，中士一位，下士一位，凡六等”，则和《王制》似异实同。又《孟子》说“下士与庶人在官者同禄”，《王制》说“诸侯之下士视上农夫”，也小异。其余都同。又《春秋繁露》说：“附庸字者方三十里，名者方二十里，人氏者方十五里。”较《孟子》《王制》为详。《孟子》记北宫锜的问，明说所问的是“周室之班爵禄”。《春秋繁露》也明说所说的是周制。至于《王制》，则《白虎通·爵篇》说：“爵有五等，以法五行也；或三等者，法三光也……质家者据天，故法三光；文家者据地，故法五行。《含文嘉》曰：‘殷爵三等，周爵五等，各有宜也。’《王制》曰：‘王者之制禄爵，凡五等。’谓公侯伯子男也。此据周制也。”更明说它是周制。《白虎通》又说：“殷爵三等，谓公侯伯也……合，子男从伯……或曰合从子……地有三等不变……令公居百里，侯居七十里……”又《王制正义》：“《礼纬含文嘉》曰：殷正尚白，白者兼正中，故三等。夏尚黑，亦从三等。”那么，五等之爵，是周所独有的。

至于古文家的说法，却和今文家不同。他们虽也说周爵五等，而说封土则大异。按《周官·地官司徒》说：

诸公之地，封疆方五百里，其食者半。诸侯之地，封疆方四百里，其食者三之一。诸伯之地，封疆方三百里，其食者三之一。诸子之地，封疆方二百里，其食者四之一。诸男之地，封疆方百里，其食者四之一。

郑玄注《王制》说：

此地殷所因夏爵三等之制也……《春秋》变周之文，从殷之质，合伯子男以为一，则殷爵三等者，公侯伯也；异畿内谓之子。周武王初定天下，更立五等之爵，增以子、男；而犹因殷之地，以九州之界尚狭也。周公摄政致大平，斥大九州之界；制礼，成武王之意；封王者之后为公，及有功之诸侯：大者地方五百里；其次侯，四百里；其次伯，三百里；其次子，二百里；其次男，百里。所因殷之诸侯，亦以功黜陟之。其不合者，皆益之地为百里焉。是以周世有爵尊而国小，爵卑而国大者。惟天子畿内不增，以禄群臣，不主为治民。

郑氏此说，羌无证据，征诸古书，又实在没有这么一回事（《东塾读书记》卷七，有一条论此事甚核。所以就相信《周礼》的人，也不敢说它曾经实行），实在未敢赞同。

但是实际上，封地的大小，也并没有什么争辩头。为什么呢？无论“百里，七十里，五十里”“五百里，四百里，三百里，二百里，百里”，总不过是一种制度。无论什么制度，行的时候，总不能没有差池；何况封建？初封的时候，就算是照定制的，到后来或扩充，或侵削，也总是事实上的问题。况且封建总不过是施之于一部分之地。一朝之兴，不过于实力所及之地灭掉旧国，封建自己的宗族；其余的地方，总是因循其旧的。那么，焉得有整齐划一的制度呢？

天子和诸侯的关系，经传上所说，咱们也且把它写在下面，但是这种制度，也未必完全实行。就行之也未必能久，这也是无待于言的。

第一是管辖上的关系。《王制》说：

> 千里之外设方伯：五国以为属，属有长；十国以为连，连有帅；三十国以为卒，卒有正；二百一十国以为州，州有伯。八州：八伯，五十六正，百六十八帅，三百三十六长。八伯各以其属，属于天子之老二人；分天下以为左右，曰二伯。
>
> 天子使其大夫为三监，监于方伯之国，国三人。

二伯，《郑注》说“《春秋传》曰：自陕以东，周公主之，自陕以西，召公主之”（《公羊·隐公五年》传文）。则郑氏虽以此为殷制，也以为周朝亦是如此。又武王灭商，使管叔、蔡叔、霍叔为三监，《王制》这所说的，也明是周制（郑氏以《王制》多为殷制，又或以为夏制，都以其和《周礼》不合，勉强立说，不足为据）。

第二是往来交际的关系。《王制》说：

> 诸侯之于天子也，比年一小聘，三年一大聘，五年一朝；天子五年一巡守。岁二月，东巡守至于岱宗，柴而望祀山川；觐诸侯；问百年者就见之；命大师陈诗，以观民风；命市纳贾，以观民之所好恶，志淫好辟。命典礼，考时月，定日，同律，礼乐制度衣服正之；山川神祇，有不举者为不敬，不敬者君削以地；宗庙有不顺者为不孝，不孝者君绌以爵；变礼易乐者为不从，不从者君流；革制度衣服者为畔，畔者君讨；有功德于民者，加地进律。五月，南巡守至于南岳，如东巡守之礼。八月，西巡守至于西岳，如南巡守之礼。十有一月，北巡守至于北岳，如西巡守之礼。归假于祖祢，用特。

《王制》这一段，全根据于《尚书·尧典》（伪古文分为《舜典》）和《白虎通·巡守篇》所引的《书大传》，想必是今文书说。

又《白虎通》："因天道时有所生，岁有所成；三岁一闰，天道小备；五岁再闰，天道大备；故五年一巡守；三年小备，二伯出述职黜陟；一年物有终始，岁有所成，方伯行国；时有所生，诸侯行邑。”（《公羊·隐公八年》何注，也说“三年一使三公黜陟，五年亲自巡狩”。《桓公元年》注，“故即位比年，使大夫小聘，二年使上卿大聘，四年又使大夫小聘，五年一朝”。则又与《王制》不同）这都是今文家说。

至古文家说，却又不同。按《周官·大行人》：

邦畿方千里，其外方五百里，谓之侯服，岁壹见，其贡祀物；又其外方五百里，谓之甸服，二岁壹见，其贡嫔服；又其外方五百里，谓之男服，三岁壹见，其贡器物；又其外方五百里，谓之采服，四岁壹见，其贡服物；又其外方五百里，谓之卫服，五岁壹见，其贡材物；又其外方五百里，谓之要服，六岁壹见，其贡货物；九州之外，谓之蕃国，世壹见，各以其所宝贵为挚。王之所以抚邦国诸侯者：岁遍存；三岁遍頫；五岁遍省；七岁属象胥，谕言语，协辞命；九岁属瞽史，谕书名，听声音；十有一岁，达瑞节，同度量，成牢礼，同数器，修法则；十有二岁，王巡守殷国。

又《左传·昭公十三年》：

……岁聘以志业；间朝以讲礼；再朝而会以示威；再会而

盟，以显昭明。

许慎《五经异义》以今文说为虞夏制，《左传》所说为周礼。贾逵、服虔以《左传》所说为天子之法。崔氏以为朝霸主之法。郑玄则以为五年一小聘，比年一大聘，三年一朝，是晋文霸时所制。虞夏之制，诸侯岁朝；而虞五年一巡守，夏六年一巡守。《周礼》所说，是周制；《左传》所说，不知何代之礼。均见《王制正义》［又《王制疏》引《五经异义》："《公羊》说：诸侯四时见天子及相聘，皆曰朝……卒而相逢于路曰遇。《古周礼》说春曰朝，夏曰宗，秋曰觐，冬曰遇（按：见《周官·大宗伯》），许慎……从《周官》说，郑驳之云……朝通名，如郑此言，《公羊》言其总号，《周官》指其别名，《异义》，天子聘诸侯，《公羊》说：天子无下聘义，《周官》说：间问以谕诸侯之志，许慎……从《周官》说，郑无驳，与许慎同也"］。

又《孟子·告子篇》："天子适诸侯曰巡守……诸侯朝于天子曰述职……春省耕而补不足，秋省敛而助不给（《梁惠王》篇'天子适诸侯曰巡狩；巡狩者，巡所守也。诸侯朝于天子曰述职；述职者，述所职也；无非事者。春省耕而补不足，秋省敛而助不给。夏谚曰：吾王不游，吾何以休。吾王不豫，吾何以助。一游一豫，为诸侯度'。以为晏子之言）……入其疆：土地辟；田野治；养老尊贤，俊杰在位；则有庆，庆以地。入其疆：土地荒芜，遗老失贤，掊克在位，则有让。一不朝则贬其爵；再不朝则削其地；三不朝，则六师移之。”《白虎通·考黜篇》说：“诸侯所以考黜何？王者所以勉贤抑恶，重民之至也。《尚书》曰：‘三载考绩，三考黜陟。’”下文胪列黜陟的办法，更为详细。怕和《王制》所载，同是一种空话，未必真能实行的。

第三节　官制

至于内爵，则是以公、卿、大夫，分为三等的。所以《白虎通》说：“公卿大夫何谓也？内爵称也。”又说：“内爵所以三等何？亦法三光也。所以不变质文何？内者为本，故不改内也。”（这是说商朝内外爵皆三等；周朝改商朝的公一等，侯一等，伯子男一等，为公、侯、伯、子、男凡五等。至于内爵则不改。）这是天子之制至于诸侯，却是《王制》所说“上大夫卿（《白虎通》引少一个“卿”字，然而《白虎通》只说“诸侯所以无公爵者，下天子也”。没有说诸侯无卿爵，则其以上大夫为卿可知），下大夫，上士，中士，下士；凡五等”，所以《白虎通》引这句话，又说明道：“此谓诸侯臣也。”

设官的数目，则是以三递乘的。《王制》说：“天子三公，九卿，二十七大夫，八十一元士。”《昏义》同。《北堂书钞》卷五十引《五经异义》《今尚书》夏侯、欧阳说亦同。又说明其故道：“凡百二十，在天为星辰，在地为山川。”（《白虎通》说：“凡百二十官，下应十二子。”）《御览》引《尚书大传》说：“古者天子三公，每一公，三卿佐之。每一卿，三大夫佐之。每一大夫，三元士佐之。”《白虎通》同。郑玄注《王制》说这是夏制，他是据着《明堂位》“有虞氏官五十，夏后氏官百，殷二百，周三百”，把三公、九卿、二十七大夫、八十一元士加起来，得百二十之数；抹掉二十，单说一百，合于古人“举成数”的例；所以如此说法。然而《明堂位》这篇书，本来不甚可信，前人疑之者甚多。郑注《明堂位》说：“周之六卿，其属各六十，则周三百六十官也；此云三百者，记时冬官亡矣。”已经穿凿得不成话。又说：“以夏殷推前后之差，有虞氏官宜六十，夏后氏官宜百二十，殷宜二百四十，不得如此记也。”可见他也有点疑心。按《春秋繁露》说，天子三公、九卿、二十七大夫、八十一元士之外，又有二百四十三下士，合为三百六十三，法天一岁之数。周官三百六十，恐不是像《周官》所说的（周六官，其属各六十，见《天官·小宰》）。

畿内的公卿大夫和封于外的诸侯，爵禄都是一样的；所争者，内官但“世禄”而不“世位”，外诸侯则可以父子相继，实际上的权力就大不相同了［《王制》：“天子之县内诸侯，禄也（《正义》此谓畿内公卿大夫之子，父死之后，得食父之故国采邑之地，不得继父为公卿大夫也）；外诸侯，嗣也。”诸侯之国，也是如此，所以春秋讥世卿（见《公羊·隐公三年》《宣公十年》）。这是法律上的话，实际上如何，自然另是一问题］。

侯国的官，《王制》说：“大国三卿，皆命于天子；下大夫五人；上士二十七人。次国三卿，二卿命于天子，一卿命于其君；下大夫五人；上士二十七人。小国二卿，皆命于其君；下大夫五人；上士二十七人。”《春秋繁露》说，公侯伯子男之国，都是三卿，九大夫，二十七上士，八十一下士。《春秋繁露》的大夫，就是《王制》的下大夫，其数不合。按《郑注》：“小国亦三卿，一卿命于天子，二卿命于其君；此文似误脱耳。”则《王制》此节，文有脱误，似以《春秋繁露》为可据。

至其职掌，则《北堂书钞》引《异义》《今尚书》夏侯、欧阳说：“天子三公：一曰司徒，二曰司马，三曰司空。”《周官·司徒·为官》疏引《尚书传》（“天子三公：一曰司徒公，二曰司马公，三曰司空公”），《韩诗外传》卷八（“三公者何？司空，司马，司徒也”）说俱同。《论衡·顺鼓篇》引《尚书大传》："郊社不修，山川不祝，风雨不时，霜雪不降，责于天公；臣多弑主，孽多杀宗，五品不训，责于人公；城郭不缮，沟池不修，水泉不隆，水为民害，责于地公。"《太平御览·职官部》引《尚书大传》："百姓不亲，五品不训，则责之司徒；蛮夷猾夏，寇贼奸宄，则责之司马；沟渎壅遏，水为民害，田广不垦，则责之司空。"则天公是司马，人公是司徒，地公是司空。和《韩诗外传》"司马主天，司空主土，司徒主人"之说相合（《白虎通》："《别名记》曰：司徒典名，司空主地，司马顺天"）。至于九卿，各书皆不明言其名称及职事，按《荀子·序官》：

宰爵知宾客祭祀飨食牺牲之牢数，司徒知百宗城郭立器之数（注：百宗，百族也。立器，所立之器用也），司马知师旅甲兵乘白之数（注：白，谓甸徒，犹今之白丁也。或曰：白，当为百，百人也）。修宪命，审诗商（注：诗商，当为诛赏，字体及声之误），禁淫声，以时顺修，使夷俗邪音，不敢乱雅，太师之事也。修堤梁，通沟浍，行水潦，安水臧，以时决塞，岁虽凶败水旱，使民有所耘艾，司空之事也。相高下，视肥垸，序五种，省农功，谨蓄藏，以时顺修，使农夫朴力而寡能（注：禁其他能也），治田之事也。修火宪（注：不使非时焚山泽），养山林薮泽，草木鱼鳖百索（注：上所索百物也），以时禁发，使国家足用，而财物不屈，虞师之事也。顺州里，定廛宅，养六畜，闲树艺，劝教化，趋孝弟，以时顺修，使百姓顺命，安乐处乡，乡师之事也。论百工，审时事，辨功苦，尚完利，便备用，使雕琢文采，不敢专造于家，工师之事也。相阴阳，占祲兆，钻龟陈卦，主攘择五卜，知其吉凶妖祥，伛巫跛击之事也（注：击读为觋，男巫也。古者以废疾之人主卜筮巫祝之事，故曰伛巫跛觋）。修采清（注：采，谓采去其秽；清，谓使之清洁。皆谓除道路秽恶也），易道路，谨盗贼，平室律，以时顺修，使宾旅安而货财通，治市之事也。抃急禁悍，防淫除邪，戮之以五刑，使暴悍以变，奸邪不作，司寇之事也。本政教，正法则，兼听而时稽之，度其功劳，论其庆赏，以时慎修，使百吏免（按：与勉同）尽，而众庶不偷，冢宰之事也。

以上所举，除司徒、司马、司空及冢宰外，又得宰、太师、治田、虞师、乡师、工师、伛巫跛击、治市、司寇九官，似系九卿。冢宰一官，有人说就是司徒兼的，然据《王制》，“冢宰斋戒受质”和“大司徒、大司马、大司空，斋戒受质”分举，分明不是一官；更据《荀子》此文，似乎确在三公之外（汉承秦制，有九卿而无三公，然而有相国丞相，秦制必沿袭自古。也可证冢宰在三公之外。《周官·地官·序官》疏引

《尚书大传》郑注："周礼，天子六卿，与太宰、司徒同职者，则谓之司徒公；与宗伯、司马同职者，则谓之司马公；与司寇、司空同职者，则谓之司空公。一公兼二卿，举下以为称。"则似系以意弥缝，并无所本）。冢宰似乎没有官属的，百官都属于三公。所以下文说："大司徒、大司马、大司空，斋戒受质；百官各以其成，质于三官；大司徒、大司马、大司空，以百官之成，质于天子。"《郑注》"百官，此三官之属"，正和"每一公三卿佐之，每一卿三大夫佐之，每一大夫三元士佐之"的话相合。

古文家之说，则《五经异义》说："《古周礼》说：天子立三公：曰太师、太傅、太保，无官属，与王同职；故曰：坐而论道，谓之三公。又立三少以为之副，曰少师、少傅、少保，是为三孤。冢宰、司徒、宗伯、司马、司寇、司空，是为六卿之属。大夫士庶人在官者，凡万二千。"按《伪古文尚书·周官》：

立太师、太傅、太保，兹惟三公，论道经邦，燮理阴阳，官不必备，惟其人。少师，少傅，少保，曰三孤；贰公宏化，寅亮天地，弼予一人。冢宰掌邦治，统百官，均四海；司徒掌邦教，敷五典，扰兆民；宗伯掌邦礼，治神人，和上下；司马掌邦政，统六师，平邦国；司寇掌邦禁，诘奸慝，刑暴乱；司空掌邦土，居四民，时地利。六卿分职，各率其属，以倡九牧，阜成兆民。

攻《伪古文》的，都说他误据《大戴礼·保傅篇》《汉书·贾谊传》，把太子的官属，认作天子的三公三孤。又说郑玄注《周官》“乡老二乡则公一人”说：王置六卿，则公有三人也。三公者，内与王论道，中参六官之事，外与六卿之教。又他注《尚书·君奭序》“召公为保，周公为师”，说：此师保为《周礼·师氏》《保氏》，大夫之职（《书疏》）。可见得郑玄不主张六卿之上，别有三公三孤。然而《五经异义》所举的古周礼说，确和《伪周官》相同。《周官》朝士，“建外朝之法，左九棘，孤卿大夫位焉……面三槐，三公位焉”，也明说公孤在卿之外。又《周礼·保氏序官》疏引《郑志》“赵商问：按成王《周官》，立太师、太傅、太保，兹惟三公。即三公之号，自有师保之名。成王《周官》，是周公摄政三年事；此《周礼》是周公摄政六年时，则三公自名师保；起之在前，何也？郑答曰：周公左，召公右，兼师保，初时然矣”。赵商所说的《周官》，固然不是现在《伪古文尚书》里的《周官》，然而可见得不伪的《周官》，也确有此文。又看郑玄的答语，虽不承认“召公为保，周公为师”就是三公里的太师太保，却也并没有否认“立太师、太傅、太保，兹惟三公”之说。又《周礼》虽没叙列公孤之官，然而涉及公孤的地方很多（宰夫、司服、典令、巾车、司常、射人司士、太仆、弁师、小司寇等），可见得六卿之外，别有公孤，《周礼》确有此说，并不是造《伪古文尚书》的人杜撰的。

六官之说，《大戴礼·盛德篇》："古之御政以治天下者，冢宰之官以成道，司徒之官以成德，宗伯之官以成仁，司马之官以成圣，司寇之官以成义，司空之官以成礼。"《管子·五行篇》："昔者黄帝得蚩尤而明于天道，得大常而察于地利，得奢龙而辨于东方，得祝融而辨于南方，得大封而辨于西方，得后土而辨于北方。黄帝得六相而天地治，神明至。蚩尤……为当时，大常……为廪者，奢龙……为土师，祝融……为司徒，大封……为司马，后土……为李……春者，土师也；夏者，司徒也；秋者，司马也；冬者，李也。"都和《周礼》相合。此外《曲礼》："天子之五官：曰司徒、司马、司空、司士、司寇，典司五众。"《春秋繁露·五行相胜篇》："木者，司农也……火者，司马也……土者，君之官也，其相司营……金者，司徒也……水者，司寇也。"《左传·昭公十七年》郯子说："祝鸠氏，司徒也；鴡鸠氏，司马也；鸤鸠氏，司空也；爽鸠氏，司寇也；鹘鸠氏，司事也。"《昭公二十九年》，蔡墨说："五行之官，是为五官：木正曰句芒，火正曰祝融，金正曰蓐收，水正曰玄冥，土正曰后土。”都只说五官。按古人五行之说，土是君象（见本卷第十章第一节），董子说“土者，君之官也”，其义最古。天、地、人、四时，谓之七始。五官之说，除掉中“土者君之官”，其实只有四官；合着象天地人的三公，似乎是配七始的。《文王世子》：“设四辅，及三公，不必备，惟其人。”疏引《尚书大传》“古者天子必有四邻：前曰疑，后曰丞，左曰辅，右曰弼”。怕也是就五官里头，除掉四个的。因为总只有这几个官，却要“三光”“四时”“五行”，很麻烦的“取象”。所以三公、四邻、五官，也是互相重复。这种错杂不整齐的制度，很合乎历史上自然发达的事实；《周礼》一部书，说得太整齐了，所以就有点可疑。[①]

其地方制度，《周礼》也说得很完备。按照《周礼》，“王城”之外为“乡”；乡之外为“外城”，外城谓之“郭”；郭外为“近郊”；近郊之外为“遂”；遂之外为“远郊”，远郊谓之“野”；野之外为“甸”；甸之外为“稍”；稍之外为“县”，县为“小都”；小都之外为“鄙”，鄙为“大都”；甸、稍、县、都之地都是采邑，是行贡法的。乡以五家为比，五比为闾，四闾为族，五族为党，五党为州，五州为乡；比长是下士，闾胥中士，族师上士，党正下大夫，州长

① 此处原有夹注：“《大戴礼》《管子》，也不是全可信的。”作者批注时自删。

中大夫，乡大夫就是卿。遂则五家为邻，五邻为里，四里为酂，五酂为鄙，五鄙为县，五县为遂；遂大夫、县正、鄙师、酂长、里宰、邻长，比乡官递降一级（遂大夫是中大夫，里宰是下士，邻长无爵）。六乡之吏：乡大夫六人，州长三十人，党正百五十人，族师七百五十人，闾胥三千人，比长一万五千人；六遂的数目同六乡相等；共有三万七千八百七十二人。按《管子·立政篇》："分国以为五乡，乡为之师；分乡以为五州，州为之长；分州以为十里，里为之尉；分里以为十游，游为之宗；十家为什，五家为伍，什伍皆有长焉。"《小匡篇》："五家为轨，轨有长；十轨为里，里有司；四里为连，连有长；十连为乡，乡有良人；五乡一帅。"其制鄙：则"五家为轨，轨有长；六轨为邑，邑有司；十邑为率，率有长；十率为乡，乡有良人；三乡为属，属有帅；五属为一大夫"。两篇所载，小有异同，然都和《周礼》相近，大概这一种组织，是和军制相应的（参看本章第五节）。

其《尚书大传》："古八家而为邻，三邻而为朋，三朋而为里，五里而为邑，十邑而为都，十都而为师，州十有二师焉。"（《御览》百五十七）《公羊·宣公十五年》何注："在田曰庐，在邑曰里；一里八十户；八家共一巷……选其耆老有高德者，名曰父老；其有辨护伉健者，为里正。"（见下节）则纯系以井田制度为根本。《韩诗外传》说"中田有庐，疆场有瓜”这一条，也说“八家而为邻”，和《尚书大传》、《公羊》何注，都是相合的（春秋以后的官制，散见于各书者甚多，尤其多的是《左传》。《春秋大事表》里，列有一表，很为详备，可以参考[①]）。

至于当时服官的人：大概从士以下，或者用平民；从大夫以上，都是用贵族的，看下节便可明白。

第四节　教育和选举

古代的教育，有“国学”和“乡学”的区别，又有“大学”和“小学”的区别。“大学”和“小学”，是以程度浅深分的；“国学”和“乡学”，一个是贵族进的，一个是平民进的。两者截然，各为系统，不可牵混。

《王制》：“天子曰辟雍，诸侯曰泮宫。”又说诸侯之国：“天子命之教，然后为学；小学在公宫南之左，大学在郊。”又说：“有虞氏养国老于上庠，养庶老于下庠；夏后氏养国老于东序，养庶老于西序；殷人养国老于右学，养庶老于左学；周人养国老于东胶，养庶老于虞庠。”所谓“辟

① 此处夹注后半部分：“……因为没有修理系统，太觉枯燥无味，所以没抄在这里。”作者批注时自删。

雍”“泮宫”，是天子诸侯之国大学的通称。“上庠”“东序”“右学”“东胶”，是虞夏殷周四代大学的专称。“下庠”“西序”“左学”“虞庠”，是四代小学的特称。这都是天子和公卿大夫元士之子，所谓贵族入的。其入学的程序，《尚书大传》说：“古之帝王者必立大学、小学，使王大子、王子、群后之子，以至公卿大夫元士之适子：十有三年，始入小学，见小节焉，践小义焉；年二十入大学，见大节焉，践大义焉。”（《御览》百四十八，《礼记·王制》疏节引，作“十五入小学”）

至于乡学，则（一）《孟子》说：“夏曰校，殷曰序，周曰庠。”（二）《礼记·学记》说：“古之教者家有塾，党有庠，术有序。”似乎比《孟子》多出两层等级来。然而试看《尚书大传》：

> 大夫士七十而致仕，老于乡里；大夫为父师，士为少师（注：所谓里庶尹古者仕焉而已者，归教于闾里）。耰锄已藏，祈乐已入（注：祈乐，当为新谷），岁事已毕，余子皆入学。十五始入小学，见小节，践小义；十八入大学，见大节，践大义焉。距冬至四十五日，始出学，傅农事（《仪礼通解》卷九）。

再看《公羊·宣公十五年》何注：

> 一里八十户，八家共一巷，中里为校室。选其耆老有高德者，名曰父老……十月事讫，父老教于校室。八岁者学小学，十五者学大学。其有秀者，移于乡学；乡学之秀者移于庠；庠之秀者移于国学，学于小学。诸侯岁贡小学之秀者于天子，学于大学。其有秀者，命曰进士。行同能偶，别之以射，然后爵之。

这里头“乡学之秀者移于庠”八个字，是错误的。为什么呢？乡学就是庠，《仪礼·乡饮酒礼》“主人拜迎于庠门之外”可证。所以《汉书·食货志》这地方只说“其有秀异者，移乡学于庠序；庠序之异者，移于国学”。并不是说乡学移于庠，庠移于国学。再看《学记》郑注，“术当为遂，声之误也。古者仕焉而已者，归教于闾里，朝夕于门侧之堂，谓之塾。《周礼》五百家为党，二千五百家为遂；党属于乡，遂在远郊之外”。那么，《学记》所谓“塾”，就是何休所谓“校室”，也就是《尚书大传》所谓“余子皆入学”的“学”，“党有庠，术有序”的“庠”“序”，是因所在之地而异名，不是另有等级。这一级，和《孟子》所说“夏曰校，殷曰序，周曰庠”的“校”“序”“庠”相当。至于《学记》“家有塾”的“塾”，就是何休所谓“校室”，伏生所谓“余子皆入学”的“学”，《孟子》中没有提起。那么，古代平民所入的学校，是两级制：一级在里（所谓“塾”“校室”“余子皆入学”的“学”），一级在乡（所谓“夏曰校，殷曰序，周曰庠”，《学记》所谓“党有庠，术有序”）。伏生所谓“十五始入小学”“十八入大学”，措语有些含混。不如何休说“八岁者学小学，十五者学大学”清楚。这是一个“校室”里，因其年龄之大小，而所学各有不同，好比一个小学校里，分为初等、高等两级，并不是一个“里”的区域里，还有“大学”“小学”两种学校。

这两级学校，都是平民进的。进到乡学里头，就有入国学的机会了；入了国学，仕进之途就也在这里了。《王制》上说：

命乡简不帅教者以告；耆老皆朝于庠，元日习射上功，习乡尚齿，大司徒帅国之俊士，与执事焉。不变，命国之右乡，简不帅教者移之左；命国之左乡，简不帅教者移之右，如初礼；不变，移之郊，如初礼；不变，移之遂，如初礼；不变，屏之远方，终身不齿。

命乡论秀士，升之司徒，曰选士；司徒论选士之秀者而升之学，曰俊士；升于司徒者不征于乡，升于学者不征于司徒，曰造士。乐正崇四术，立四教，顺先王诗书礼乐以造士；春秋教以礼乐，冬夏教以诗书，王大子、王子、群后之大子、卿大夫元士之适子、国之俊选，皆造焉……将出学，小胥、大胥、小乐正、简不帅教者，以告于大乐正；大乐正以告于王。王命三公九卿大夫元士皆入学；不变，王亲视学；不变，王三日不举，屏之远方，西方曰棘，东方曰寄，终身不齿。大乐正论造士之秀者，以告于王，而升诸司马，曰进士。司马辨论官材，论进士之贤者，以告于王，而定其论。论定，然后官之；任官，然后爵之；位定，然后禄之。

这里头，从乡学里升上来的俊士、选士等，和王大子、王子、群后之大子、卿大夫元士之适子，都是同学，而且是"入学以齿"（皆以长幼受学，不以尊卑），很为平等的。所争者，乡人须"节级升之……为选士、俊士，至于造士。若王子与公卿之子，本位既尊，不须积渐，学业既成，即为造士"（《正义》）。有些不平等而已。

选举的法子，虽然如此，然而实际上：一、乡人能够升入大学得为进士的，恐怕很少；二、就是得为进士，也未必能和贵族出身的人同一任用。俞正燮说：

周时，乡大夫三年比于乡，考其德行道艺：而兴贤者，出使长之，用为伍长也；兴能者，入使治之，用为乡吏也（按《周官·大司徒》："以乡三物教万民而宾兴之：一曰六德：知、仁、圣、义、忠、和；二曰六行：孝、友、睦、姻、任、恤；三曰六艺：礼、乐、射、御、书、数。"乡大夫"三年则大比，考其德行道艺，而兴贤者能者。乡老及乡大夫，帅其吏，与其众寡，以礼礼宾之。厥明，乡老及乡大夫群吏，献贤能之书于王；王再拜受之；登于天府，内史贰之。退而以乡射之礼五物询众庶"。《注》："郑司农云：……问于众庶，宁复有贤能者……此谓使民兴贤，出使长之；使民兴能，入使治之。"这是另一种选举法，和《王制》无从牵合，俞说推而广之，误）。其用之止此。《王制》推而广之，升诸司马曰进士焉，止矣；诸侯贡士于王。以为士焉，止矣。太古至春秋，君所任者，与共开国之人，及其子孙也……上士、中士、下士、府、史、胥、徒，取诸乡兴贤能；大夫以上皆世族，不在选举也……故孔子仕委吏乘田，其弟子俱作大夫家臣……荀子《王制》云：王公大人之子孙，不能礼义，则归之于庶人；庶人之子孙，积文学，正身行，则归之卿相士大夫。徒设此义，不能行也。周单公用羁（《左传·昭公七年》），巩公用远人（《定公二年》），皆被杀……夫古人身经百战而得世官，而以游谈之士加之，不服也。立贤无方，则古者继世之君，又不敢得罪于巨室也……（《癸巳类稿·卷三·乡兴贤能论》）

俞氏此论，于古代阶级社会的情形，可谓洞若观火。我说六经原是儒家改制所托，固然不是凭空捏造（凭空捏造，也是不可能的事。所以持极端怀疑之论，也是错的），然而以意改削的地方，必然很多；竟当它是历史，原是不能的（不过比起后世人所造的古书来，毕竟又可信了许多。因为人的思想，总是为时代所囿。所以古人的胡说，也毕竟比后代人近情。譬如《王制》，就毕竟比《周礼》为近古）。

讲古代学制的，还有一层必须明白，便是古代有所谓“明堂的四学和太学”，这个固然是学校的起源，然而到后世，明堂和学校已经分开了，必不可混而为一。按蔡邕《明堂月令论》：“《易传·太初篇》曰：天子旦入东学，昼入南学，莫入西学（按：此处文有脱误，《玉海》卷一百十一，引作‘夕入西学，暮入北学’，是）；大学在中央，天子之所自学也。《礼记·保傅篇》曰：帝入东学，上亲而贵仁；入西学，上贤而贵德；入南学，上齿而贵信；入北学，上贵而尊爵；入大学，承师而问道。与《易传》同（按：《保傅篇》如今《大戴礼》里头有的，亦见《贾子》）。魏文侯《孝经传》曰：大学者，中学明堂之位也。《礼记·古大明堂之礼》曰：膳夫是相礼：日中出南闱……日侧出西闱……日入出北闱。”这所谓东、西、南、北四学和中央的大学，固然都在明堂内；然而后世的学校，却不是如此。这是为什么呢？这个阮元说得最漂亮。他说：初有明堂的时候，是宫室制度还没有完备，天子就只有这一所屋子，所以什么事情都在里头办，住也住在这里头。到后来，社会进化了，屋子一天多于一天，什么“路寝”哩、“宗庙”哩、“学校”哩，都从明堂里分了出来。然而明堂却仍旧是有的，而且明堂里头还保存了许多旧制；所以已经从明堂里分出来的事情，在明堂里还是有的；不过变作有名无实罢了。这句话真是通论，把从来许多葛藤，可以一扫而空（《揅经室集·明堂论》）。明白这个道理，“明堂之中，既有大学和四学，明堂之外，又有大学和小学”的问题，就可以毋庸争辩了（《周礼》的师氏保氏，又另是一种机关，和明堂里头的大学四学，明堂以外的大学小学，都不能牵合。参看《中古卷》第八章第二节）。

此外又有“贡士”和“聘士”的制度。《礼记·射义》说：“……古者天子之制，诸侯岁献贡士于天子，天子试之于射宫……”《白虎通·贡士篇》：“诸侯三年一贡士者，治道三年有成也。诸侯所以贡士于天子者，进贤劝善者也。天子聘求之者，贵义也……故月令，季春之月，开府库，出币帛，周天下，勉诸侯，聘名士，礼贤者……及其幽隐，诸侯所遗失，天子所昭，故聘之也。”这种制度，在古代的选举法上，固然不占重要的位置，然而实在是后来进用游士的根本。

古代贵族、平民都有学校，似乎很为文明。然而平民学校所教的，孟子说："皆所以明人伦也；人伦明于上，小民亲于下。"（《滕文公上》）正和子游所谓"小人学道则易使也"（《论语·阳货篇》）一个鼻孔出气。严格论起来，实在是一种"奴隶教育"。贵族的教育，也含有"宗教臭味"。俞正燮说：

虞命教胄子，止属典乐。周成均之教，大司成、小司成、乐胥，皆主乐。周官大司乐、乐师、大胥、小胥，皆主学……子路曰：何必读书，然后为学。古者背文为诵，冬读书，为春诵夏弦地，亦读乐书。《周语》召穆公云：瞍赋蒙诵，瞽史教诲。《檀弓》云：大功废业，大功诵……通检三代以上，书乐之外，无所谓学；《内则》学义，亦止如此；汉人所造《王制》《学记》，亦止如此……（《癸巳存稿·卷四·君子小人学道是弦歌义》）

原来学校是从明堂里搬出来的。明堂本来是个"神秘之地"，所以后来学校里的教科，还以"诗书礼乐"四项为限。礼乐是举行"祭典"时用的，诗就是乐的"歌词"，书是宗教里的古典。它的起源，大概如此；后来抑或有点变化，然而总是"不离其宗"的。所以贵族虽有学校，也教育不出什么人才来。所谓专门智识，是《汉书·艺文志》所谓某某之学，出于某某之官（见本卷第十章第三节）。专门的技能，则《王制》所谓“凡执技以事上者，不贰事，不移官”，都是世代相传的。世官的不能废，亦由于此。

东周以后，情形就大变了。这时候贵族政体渐次崩坏；做专官有学识的人，渐变而为平民；向来所谓某官之守，一变而为某家之学；民间才有“聚徒讲学”之事，有“负笈从师”的人；孔子弟子三千，杨朱、墨翟之言盈天下，都是这个道理。民间有智识的人，一天天增多；贵族里头，可用的人，一天天减少。就不得不进用游士，孟尝、平原、信陵、春申的养客，也是这个道理。当时讲求学问的人，渐渐以利禄为动机。所以苏秦说：“且使我有雒阳负郭田二顷，吾岂能佩六国相印乎？”（《史记》本传）可见得当时的讲求学问，大都是受生计上的压迫；所以秦散三千金而天下之士斗；可见得社会的文化和物质方面大有关系。游士的智识，固然比世卿高，然而爱国心却较薄弱。孟子对齐宣王说：“所谓故国者非谓有乔木之谓也，有世臣之谓也；王无亲臣矣。昔者所进，今日不知其亡也。”正是这班人的写照（《梁惠王下》）。“后胜相齐，多受秦间金，多使宾客入秦；秦又多予金，客皆为反间，劝王去从朝秦；不修攻战之备，不助五国攻秦。秦以故得灭五国。五国已亡，秦兵卒入临淄，民莫敢格者。王建遂降，迁于共。故齐人怨王建不蚤与诸侯合从攻秦，听奸臣宾客，以亡其国。歌之曰：松耶柏邪，住建共者客邪。疾建用客之不详也。”（《史记·田敬仲完世家》）可见得当时的游士，把人家的国家，用来做自己“富贵的牺牲”，是不恤的。

总而言之，社会阶级制度，是要靠世卿之制维持的（因为如此，才是被一阶级的人，把持了社会上的大权，不许别一阶级的人插足）。然而如此一来，一、贵族所处的地位，就不能不优，所处的地位既优，就不能不骄奢淫逸，就不能不腐败；二、而且贪欲之念，是无厌的，自己有了土地，遂想侵吞别人的，贵族变为平民的人就日多。贵族阶级专有的智识，就渐渐地散入平民社会。所以贵族阶级的崩坏，其原因仍在贵族社会自身。这个很可以同马克思的历史观，互相发明。

第五节　兵制

官制和教育选举，都已明白，就得考究古代的兵制。后人讲古代兵制的，有一种误解，就是以为古代是“兵农合一”“全国皆兵”的。这个误解，全由不知古代社会是个“阶级制度”，以至于此。[①] 考究古代兵制的，都根据《周礼》。

① 今古文兵制之异，兵农非合一。

按《周礼》：

（《大司徒》）令五家为比，使之相保；五比为闾，使之相受；四闾为族，使之相葬；五族为党，使之相救；五党为州，使之相赒；五州为乡，使之相宾。

（《小司徒》）乃会万民之卒伍而用之：五人为伍，五伍为两，四两为卒，五卒为旅，五旅为师，五师为军；以起军旅，以作田役，以比追胥，以令贡赋。乃均土地以稽其人民而周知其数：上地家七人，可任也者家三人；中地家六人，可任也者二家五人；下地家五人，可任也者家二人。凡起徒役：毋过家一人，以其余为羡；唯田与追胥，竭作。

（《夏官序》）凡制军：万有二千五百人为军；王六军，大国三军，次国二军，小国一军；军将皆命卿。二千有五百人为师，师帅皆中大夫；五百人为旅，旅帅皆下大夫；百人为卒，卒长皆上士；二十五人为两，两司马皆中士；五人为伍，伍皆有长。[①]

这是古文家的说法，今文家怎样说的呢？按《白虎通·三军篇》：

① 战国兵数之增，车——骑。

三军者何法？法天地人也。以为五人为伍，五伍为两，四两为卒，五卒为旅，五旅为师，师二千五百人，师为一军，六军一万五千人也。

《公羊传·隐公五年》何注："二千五百人称师。天子六师，方伯二师，诸侯一师。"《穀梁传·襄公十一年》："古者天子六师，诸侯一军。"《诗》："周王于迈，六师及之。"《孟子·告子篇》："三不朝，则六师移之。"凡今文家言都同。

今古文家说兵制的不同，是无可强合的。然则哪一家的话是呢？我以为今文家言是孔子托古改制的话，务要减轻兵役。古文家的话，是参考各种古书编成的。论理，自然是今文家言文明；论古代的事实，怕还是古文家言相近些。请再看当时出兵的方法，《春秋繁露·爵国篇》说：

方里而一井，一井而九百亩……方里八家，一家百亩……上农夫耕百亩，食九口，次八人，次七人，次六人，次五人；多寡相补，率百亩而三口；方里而二十四口；方里者十，得二百四十口；方十里，为方里者百，得二千四百口；方百里，为方里者万，得二十四万口；法三分而除其一，城池、郭邑、屋室、闾巷、街路、市、官府、园囿、委圈、台沼、椽采，得良田方十里者六十六……十与方里（这四个字，当作“与方十里者”五个字）六十六；定率得十六万口；三分之，则各五万三千三百三十三口；为大口军三，此公侯也。天子地方千里，为方百里者百；亦三分除其一，定得田方百里者六十六，与方十里者六十六；定率得千六百万口；九分之，各得百七十七万七千七百七十七口，为京口军九，三京口军，以奉王家。

这个计算的方法，和《周礼》大异。

《公羊·宣公十五年》何注：“十井共出兵车一乘。”又《昭公元年》注：“十井为一乘，公侯封方百里，凡千乘；伯四百九十乘，子男二百五十乘。”又《哀公十二年》注：“礼，税民不过什一，军赋不过一乘。”《论语·学而篇》“道千乘之国”，《集解》引包咸说：“千乘之国者，百里之国也。古者井田，方里为井，井十为乘，百里之国者，适千乘也。”

按《孟子》说“天子之地方千里，公侯皆方百里”，又说：“万乘之国弑其君者，必千乘之家；千乘之国弑其君者，必百乘之家。”（赵注“万乘……谓天子也。千乘……谓诸侯也）则孟子之意，亦以为十井共出一乘。而《汉书·刑法志》

却说：

因井田而制军赋；地方一里为井；井十为通；通十为成，成方十里；成十为终；终十为同，同方百里；同十为封；封十为畿，畿方千里；有税有赋：税以足食，赋以足兵。故四井为邑；四邑为丘；丘十六井也，有戎马一匹，牛三头；四丘为甸；甸六十四井也，有戎马四匹，兵车一乘，牛十二头，甲士三人，卒七十二人，干戈备具，是谓乘马之法。一同百里，提封万井除山、川、沈斥、城池、邑居、园囿、术路，三千六百井，定出赋六千四百井；戎马四百匹，兵车百乘；此卿大夫采地之大者也，是谓百乘之家。一封三百一十六里，提封十万井，定出赋六万四千井，戎马四千匹，兵车千乘，此诸侯之大者也，是谓千乘之国。天子畿方千里，提封百万井，定出赋六十四万井，戎马四万匹，兵车万乘，故称万乘之主。

它这种说法，是根据《司马法》的郑玄注《论语》“道千乘之国”（见《周礼·小司徒》疏），然《司马法》又有一说，是：

六尺为步，步百为亩，亩百为夫，夫三为屋，屋三为井，井十为通。通为匹马，三十家，士一人，徒二人。通十为成，成百井。三百家，革车一乘，士十人，徒二十人，十成为终，终千井，三千家，革车十乘，士百人，徒二百人。十终为同，同方百里，万井，三万家，革车百乘，士千人，徒二千人。

郑玄引他注《周礼》的小司徒。贾疏说：“前说是畿外邦国法，甲士少，步卒多；后说是畿内采地法，甲士多，步卒少。”

按照何休、包咸的说法，十井而出一乘，人多疑其太苛。然据《左传》“昭公十三年平邱之会，晋甲车四千乘。十二年传，楚灵王曰：今吾大城陈、蔡、不羹，赋皆千乘，三（**原注，依刘炫说**）国各千乘是合楚国之车，奚啻万乘。昭公五年传云，韩赋七邑，皆成县也，因其十家九县，长毂九百，其余四十县遗守四千，是一县百乘也。县二百五十六井，是二井半出一乘，合晋国之军又奚啻万乘……昭公元年传，秦后子适晋，以车千乘，是大夫不必百乘也”（**这一段，引用朱大韶《实事求是斋·经义司马法非周制说》**）。所以“十井而出一乘”并不是没有的事，不必疑心，所可疑者，照《春秋繁露》的说法，诸侯大国十六万口之军七千五百人（**《春秋繁露》说：“三分之，则各五万三千三百三十三口，为大口军三。”是说53333口里出7500人为兵，不是说每一军有53333人**），加以奉公家的一军，共计万人，是人民有十六分之一服兵役，而天子之国，共有一千六百万口，而“为京囗军九”，再加“三京囗军，以奉王家”，服兵役的，不过三万人，未免太不近情。照《汉书·刑法志》所主的《司马法》说，天子之国，有甲士三万，卒七十二万，而六军不过七万五千人。照郑玄所引的一说，一封之地，提封十万井，有人民三十万家，而不过出车千乘，出兵三万人；畿方千里提封百万井，应当有三百万家，而亦未闻有天子出兵三十万之说；若仍照六军计算，则三百万家，服兵役的不过七万五千人，恐怕古代断没有这般轻的兵役。种种计算，总之不合情理。我说：论古代兵制的，都误于“兵农合一”之说，以致把全国的人民都算在里头，我如今且引江永的《群经补义》一则，以破这个疑惑。

说者谓古者寓兵于农，井田既废，兵农始分，考其实不然……管仲参国伍鄙之法：制国以为二十一乡：工商之乡六，士乡十五；公帅五乡，国子、高子，各帅五乡；是齐之三军，悉出近国都之十五乡，而野鄙之农不与也。五家为轨，故五人为伍，积而至于一乡。二千家，旅二千人，十五乡三万人为三军。是此十五乡者，家必有一人为兵。其中有贤能者，五乡大夫有升选之法，故谓之士乡，所以别于农也。其为农者，处之野鄙，别为五鄙之法。三十家为邑，十邑为卒，十卒为乡，三乡为县，十县为属，五属各有大夫治之，专令治田供税，更不使之为兵……他国兵制，亦大略可考而知；如晋之始惟一军；既而作二军，作三军；又作三行，作五军；既舍二军，旋作六军；后以新军无帅，复从三军；意其为兵者，必有素定之兵籍，素隶之军帅；军之渐而增也，固以地广人多；其既增而复损也，当是除其军籍，使之归农……随武子云：楚国荆尸而举，商农工贾，不败其业，是农不从军也。鲁之作三军也，季氏取其乘之父兄子弟尽征之；孟氏以父兄及子弟之半归公，而取其子弟之半，叔孙氏尽取子弟，而以其父兄归公。所谓子弟者，兵之壮者也；父兄者，兵之老者也；皆其素在兵籍，隶之卒乘者，非通国之父兄子弟也。其后舍中军，季氏择二，二子各一，皆尽征之而贡于公，谓民之为兵者尽属三家，听其贡献于公也。若民之为农者出田税，自是归之于君，故哀公云：二，吾犹不足……三家之采邑，固各有兵；而二军之士卒车乘，皆近国都；故阳虎欲作乱，壬辰戒都车，令癸巳至。可知兵常近国都，其野处之农，固不为兵也……（**按：所述《管子》的兵制，见《小匡篇》。**）

按《周礼》只有大司徒五家为比……小司徒五人为伍……和《夏官·序官》之文相应，可以见得六乡各出一军，并没遂以外亦服兵役之说。小司徒“乃经土地而井牧其田野。九夫为井，四井为邑，四邑为丘，四丘为甸，四甸为县，四县为都”，只说“以任地事而令贡赋，凡税敛之事”。并无所谓乘马之法；从杜预注《左传》，才把它牵合为一（《成公元年》作丘甲注），这是不足为据的。所以我说：兵农合一，不但春秋以后不然；就西周以前，也并没这一回事。这是为什么呢？因为古代的人民，总有征服者和被征服者两个阶级：征服之族，是居于中央，制驭外族的。这是所谓“乡”之民。被征服之族，是处于四围，从事耕作的，这是“遂”以外之民。前者是服兵役的，后者是不服兵役的（乡民固然也种田，然而不过如后世兵的“屯田”，并不是全国的农夫，都可当兵；“当兵的”同“种田的”，也分明是两个阶级，和向来所谓“兵农合一”的观念，全不相同）。天子畿内，虽有方千里的地方；服兵役的，却只有六乡，所以只出得六军。诸侯的三军、二军、一军，也是这个道理。春秋以前，列国的兵制，大概如此；所以出兵总不过几万人。战国时代，却就不然了。试看苏秦对六国之君的话（见《战国策》和《史记》本传）。

燕	带甲数十万	车六百乘	骑六千匹	粟支数年
赵	同上	千乘	万匹	同上
韩	同上			
魏	武士二十万，苍头二十万 奋击二十万，厮徒十万	六百乘	五千匹	

齐	带甲数十万			粟如丘山
楚	百万	千乘	万匹	粟支十年

所以这时候，坑降斩杀，动辄数十万。这时候，大概全国都服兵役的。所以《孙子》说：“兴师十万，日费千金，内外骚动，怠于道路，不得操事者七十万家。”这分明是按《司马法》方千里之地，提封百万井，可得甲士三万，卒七十二万计算的。所以我说：《管子》这部书，可以代表春秋以前的兵制。造《周礼》的人，所根据的，就是《管子》一类的书；所以只说六乡的人服兵役，并不说遂以外的人服兵役。《司马法》这部书，定是战国人所造。他习见当时的人，全国都服兵役，并不知道古人不然；却把古代一部分人所服的兵役，分配到全国人头上去，所以兵役便那么轻了。《春秋繁露》也犯这个毛病。明白这一层道理，便对春秋以后兵制的变迁，也了如指掌了。

服兵役的年限，是从三十岁到六十岁。《白虎通·三军篇》：“……年三十受兵何？重绝人世也。师行不必反，战斗不必胜，故须其有世嗣也。年六十归兵何？不忍并斗人父子也。”《王制正义》引《五经异义》、《礼》戴说、《易》、孟氏《韩》诗说并同。《古周礼》说：“国中自七尺以及六十，野自六尺以及六十有五，皆征之。”似较今文说加重

（《盐铁论·未通篇》："三十而娶，可以服戎事。"《后汉书·班超传》中班昭上书：妾闻古者十五受兵，六十还之。似乎把种田的年限，误作服兵役的年限。参看下章第一节）。

春秋时代兵制的变迁，《春秋大事表》的《田赋军旅表》可以参考。又《荀子·议兵篇》的话，很可以见得战国时代列国兵力的比较，也可以一看。春秋战国时代兵制的变迁，还有一点可注意的，便是春秋以前，还注重于车战；到战国时代，便渐渐趋重于骑兵。所以苏秦说六国的兵，都有骑若干匹的话。这个原因，大约是前世地广人稀，打仗都在平地，到后来地渐开辟，打仗也渐趋于山险地方（参看《春秋大事表·春秋列国不守关塞论》）。晋魏舒的"毁车崇卒"（《左传·昭公元年》），是其起源。到赵武灵王胡服骑射，这个主义就大昌了。

第六节　法律

中国的法律，在世界上居四大法系之一。它的起源、成立、发达、变迁，自然很有研究的价值。但是要研究中国法律，先得明白一种道理。古人总说什么"尚德不任刑"，又说："道之以政，齐之以刑，民免而无耻。"（《论语·为政篇》）又说："有虞氏之时，画衣冠，异章服以为僇而民不犯。”（《史记·孝文本纪·除肉刑诏》）又说：“夏有乱政而作《禹刑》，商有乱政而作《汤刑》，周有乱政而作《九刑》。”（《左传·昭公六年·晋叔向诒郑子产书》）后人给这许多话迷住了，都以为刑是衰世之物，到了衰世才有的，这种观念，于法律的起源，实在大相违背。

无论什么社会，最初时代，总是“礼治主义”。因为古人知识简单，没有“抽象的观念”，一切事情，应当如何，不应当如何，只得逐条做“具体的规定”。古人有句口头话，“出于礼者入于刑”。所以“礼”就是“法”。[①] 既然要逐事为具体的规定，自然弄得非常麻烦。所以古代的礼是非常麻烦的；就是古代的法，也是非常麻烦的。以为治世可以没有刑罚，就可以没有法律，是大错了的。

然则古代的法律，是什么东西呢？

《礼记·王制》：司徒修六礼以节民性，明七教以兴民德，齐八政以防淫，一道德以同俗［下文讲“六礼：冠、昏、丧、祭、乡、相见。七教：君臣、父子、兄弟、夫妇、长幼、朋友、宾客。八政：饮食、衣服、事为（《注》：谓百工技艺也）、异别（《注》：五方用器不同也）、度、量、数

---

① 礼治，法律与道德合，今古文等级主义不同，法家非酷刑，成文法问题，法律公布问题。

(《注》：百十也)、制(《注》：布帛幅广狭也)”]。

《周礼》：大司徒以乡八刑纠万民：一曰不孝之刑，二曰不睦之刑，三曰不姻之刑，四曰不弟之刑，五曰不任之刑，六曰不恤之刑，七曰造言之刑，八曰乱民之刑(又《大司寇》：“以五刑纠万民：一曰野刑，上功纠力；二曰军刑，上命纠守；三曰乡刑，上德纠孝；四曰官刑，上能纠职；五曰国刑，上愿纠暴。”这种刑，也和礼无甚分别的)。

我说这就是古代的法律，因为违犯了，就要有制裁。至于用刑的权柄，也一大部分在乡官手里。所以大司徒之职又说：“凡万民之不服教而有狱讼者，与有地治者，听而断之，其附于刑者归于士。”《周礼》固然是伪书，然而《管子·立政篇》也说：

分国以为五乡，乡为之师；分乡以为五州，州为之长；分州以为十里，里为之尉；分里以为十游，游为之宗；十家为什，五家为伍，什伍皆有长焉……闾有司观出入者，以复于里尉。凡出入不时，衣服不中，圈属群徒，不顺于常者，闾有司见之，复无时。若在长家子弟臣妾属役宾客，则里尉以谯于游宗，游宗以谯于什伍，什伍以谯于长家。谯敬而弗复，一再则宥，三则不赦。凡孝悌忠信贤良俊材，若在长家子弟臣妾属役宾客，则什伍以复于游宗，游宗以复于里尉，里尉以复于州长，州长以计于乡师，乡师以著于士师。凡过党：其在家属，及于长家；其在长家，及于什伍之长；其在什伍之长，及于游宗；其在游宗，及于里尉；其在里尉，及于州长；其在州长，及于乡师；其在乡师，及于士师。三月一复，六月一计，十二月一著。

可见当时士师所办的事情，都是乡官移过去的。《周礼》的话，并不是凭空乱说。至于公布法律，也是在乡官手里的。所以《周礼》说：

（《**大司寇**》）正月之吉，始和，布刑于邦国都鄙；乃县刑象之法于象魏，使万民观刑象，挟日而敛之。

《立政篇》也说：

正月之朔，百吏在朝；君乃出令，布宪于国。五乡之师，五属大夫，皆受宪于……君前。太史既布宪，入籍于太府，宪籍分于君前。五乡之师出朝，遂于乡官，致于乡属，及于游宗，皆受宪。宪既布，乃反致令焉，然后敢就舍。宪未布，令未致，不敢就舍；就舍谓之留令，罪死，不赦。五属大夫，皆以行车朝；出朝，不敢就舍，遂行，至都之日，遂于朝致属吏，皆受宪。宪既布，乃发使者致令，以布宪之日，蚤晏之时。宪既布，使者以发，然后敢就舍；宪未布，使者未发，不敢就舍；就舍谓之留令，罪死，不赦。宪既布，有不行宪者，谓之不从令，罪死，不赦。考宪而有不合于太府之籍者：侈曰专制，不足曰亏吏，罪死不赦。

可见当时一切法律都在乡官手里，和后世地方行政官兼管司法正是一样。

至于所用的刑罚，最早的就是“五刑”。《白虎通》说：

刑所以五何？法五行也：大辟法水之灭火，宫者法土之壅水，膑者法金之刻木，劓者法木之穿土，墨者法火之胜金（从陈立《疏证》本）。

中国古代，什么事情，都取象于五行。五刑取法于五行，其义是很古的。有人据《吕刑》“苗民弗用灵，制以刑，惟作五虐之刑曰法，杀戮无辜，爰始淫为劓、刵、椓、黥”，说五刑是汉族效法苗族的。按古代所谓苗民，并不是现在所谓苗族，第三章第二节已经证明，现在可毋庸再说。《尚书大传》：“唐虞象刑，而民不敢犯，苗民用刑而民兴相渐。”只是说唐虞有刑而不用，苗民却要用刑；并不是说唐虞以前，没有五刑，要取法于苗民。所以又说“唐虞之象刑，上刑赭衣不纯，中刑杂屦，下刑墨幪”（《御览》六百四十五）。《御览》又引《慎子》“有虞氏之诛，以幪巾当墨，以草缨当劓，以菲履当刖，以艾鞸当宫，布衣无领当大辟”。倘使此前没有墨、劓、刖、宫、大辟，所象的又是什么？象刑之说，本不足信（《荀子》便驳它，见《正论篇》；《汉书·刑法志》引其说）。然而就照它讲，也不能说五刑是苗民制的。

五刑的科条，《吕刑》说：“墨罚之属千，劓罪之属千，剕罚之属五百，宫罚之属三百，大辟之罚，其属二百；五刑之属三千。”《周礼·司刑》则说：“墨罪五百，劓罪五百，宫罪五百，刖罪五百，杀罪五百。”郑玄注：“夏刑大辟二百，膑辟二百，宫辟五百，劓墨各千；周则变焉；所谓刑罚世轻世重者也。”《汉书·刑法志》又根据《周礼》“大司寇，刑新国用轻典，刑平国用中典，刑乱国用重典”之文，说《周礼》所载是中典，五刑之属三千是用重典。按《唐律疏义》卷一，《玉海·律令门》引长孙无忌《唐律疏》，都引《尚书大传》“夏刑三千条”，则郑玄说夏刑三千，不为无据；但不知《周礼·司刑》所载，果有所本否。

《尧典》：“象以典刑，流宥五刑，鞭作官刑（《白虎通·五刑篇》：‘刑不上大夫者，据礼无大夫刑，或曰：

挞笞之刑也。’或说似本于此），扑作教刑（《史记·五帝本纪集解》：‘郑玄曰：扑，槚楚也。扑为教官为刑者。’按：就是《学记》所谓‘夏楚二物，收其威也’），金作赎刑。”郑注：“正刑五，加之流宥，鞭扑，赎刑。此之谓九刑。”（《周礼·司刑》疏引）按《左传》载叔向说“周有乱政而作《九刑》”（见上），又载季文子说“先君周公制《周礼》……作誓令曰：毁则为贼，掩贼为藏；窃贿为盗，盗器为奸；主藏之名，赖奸之用，为大凶德，有常无赦；在《九刑》不忘”（《文公十八年》）。则九刑古代确有此种刑法，其起源当亦甚古，郑说应有所本。

人民应守的规则，虽由乡官公布；至于犯罪之后，怎样惩罚，却是守“秘密主义”的。所以“郑人铸刑书，叔向使诒子产曰：……昔先王议事以制，不为刑辟（临事制刑，不豫设法也）……民知有辟，则不忌于上；并有争心，以征于书，而徼幸以成之，弗可为矣……民知争端矣，将弃礼而征于书；锥刀之末，将尽争之……”（《左传·昭公六年》）“赵鞅、荀寅……赋晋国一鼓铁，以铸刑鼎，著范宣子所为《刑书》焉。仲尼曰：晋其亡乎，失其度矣。夫晋国，将守唐叔所受之法度，以经纬其民；卿大夫以序守之；民是以能尊其贵，贵是以能守其业；贵贱不愆，所谓度也……今弃是度也，而为刑鼎；民在鼎矣，何以尊贵；贵何业之守；贵贱无序，何以为国……”（《昭公二十九年》）大概把用刑罚看作在上者的一种特权，要它变化不测，才好叫手下的人惧怕；和“法治主义”，实在大相背驰。然而除刑书刑鼎之外，又有“郑驷歂杀邓析，而用其《竹刑》”（《定公九年》）。“成文之法”，渐次公布；“秘密主义”，渐次破坏，这也可以觇世变了。

照儒家的说法，古代用刑，但以五刑为主，此外更无甚酷刑，而且“父子兄弟，罪不相及”（《左传·昭公二十年》。《孟子·梁惠王下篇》：“昔者文王之治岐也……罪人不孥。”《书·甘誓》：“予则孥戮汝。”孥，当作奴。言或奴或戮，并不及是连及妻子，见陈乔枞《今文尚书经说考》），可谓文明极了。然而据《周礼》，就有“斩”“搏”“焚”“辜”之刑（“掌戮，掌斩杀贼谍而搏之，凡杀其亲者焚之，杀王之亲者辜之。”注：“斩以斧钺，若今腰斩也。杀以刀刃，若今弃市也……搏，当为……膊，谓去衣磔之……焚，烧也……辜之言枯也，谓磔之”）。其他出于五刑以外的刑罚，见于书传上的，也随时而有。怕儒家的话仍不免“改制托古”的故技，未必实际如此。赎刑之法，见于《吕刑》。“墨辟疑赦，其罚百锾……劓辟疑赦，其罚惟倍……剕辟疑赦，其罚倍差……宫辟疑赦，其罚六百锾……大辟疑赦，其罚千锾……”一锾六两（夏侯、欧阳说，见《周礼·职金》疏），也很重的。

刑狱之制，今文不详（《北堂书钞》引《白虎通》：“夏曰夏台，殷曰牖里，周曰囹圄。”《意林》引《风俗通》同）。《周礼》：“掌囚，掌守盗贼。凡囚者：上罪梏拲而桎，中罪桎梏，下罪梏，王之同族拲，有爵者桎，以待弊罪。”（注：郑司农云：拲者，两手共一木也。桎梏者，两手各一木也。玄谓在手曰梏，在足曰桎；中罪不拲手足，各一木耳；下罪又去桎；王同族及命士以上，虽有上罪，或拲或桎而已）又“司圜，掌收教罢民……能改者，上罪三年而舍，中罪二年而舍，下罪一年而舍。其不能改而出圜土者杀……”也和监狱相类（又方司寇“以嘉石平罢民。凡万民之有罪，而未丽于法，而害于州里者。桎梏而坐诸嘉石，役诸司空。重罪，旬有三日坐，期役；其次九日坐，九月役；其次七日坐，七月役；其次五日坐，五月役；其下罪，三日坐，三月役”，则类乎后世的徒刑）。

审理的制度，也很文明的。《王制》说：

司寇正刑明辟，以听狱讼。必三刺。有旨无简，不听（注：简，诚也；有其意无其诚者，不论以为罪）。附从轻，赦从重。凡制五刑，必即天论（注：必合于天意。《释文》：论音伦，理也。注同）。邮罚丽于事（注：邮，过也，丽，附也。过人罚人，当各附于其事，不可假他以喜怒）。凡听五刑之讼，必原父子之亲，立君臣之义，以权之；意论轻重之序，慎测浅深之量以别之（注：意，思念也。浅深，谓俱有罪，本心有善恶）；悉其聪明，致其忠爱以尽之。疑狱，泛与众共之；众疑，赦之。必察小大之比以成之。成狱辞，史以狱之成告于正，正听之；正以狱之成告于大司寇，大司寇听之棘木之下；大司寇以狱之成告于王，王命三公参听之；三公以狱之成告于王，王三又（注：当作宥），然后制刑。

下文又说："析言破律，乱名改作，执左道以乱政，杀；作淫声，异服，奇技，奇器以疑众，杀；行伪而坚，言伪而辨，学非而博，顺非而泽以疑众，杀；假于鬼神，时日，卜筮以疑众，杀；此四诛者，不以听。"以现在的眼光看，似乎野蛮；然而宗法社会，大抵"守旧"而"蔑视个人的自由"，不能全用今人的眼光，评论古人。至于"凡作刑罚，轻无赦"，则注谓"为人易犯""凡执禁以齐众，不赦过"，则势出于不得不然，也算不得什么缺点。《周礼》：小司寇"以五声听狱讼，求民情（一曰辞听，二曰色听，三曰气听，四曰耳听，五曰目听）。以之刺断庶民狱讼之中（一曰讯群臣，二曰讯群吏，三曰讯万民。听民之所刺宥，以施上服下服之刑）；又有三宥（一宥曰不识，再宥曰过失，三宥曰遗忘）、三赦（一赦曰幼弱，再赦曰老耄，三赦曰蠢愚）之法"，就更为完备了。

贵族的特权，今古文家的说法也微有不同。古文家偏于

“优待王族”和“保持贵族的身份”。所以《周礼》：“凡命夫命妇，不躬坐狱讼；凡王之同族，有罪不即市。”（《礼记·文王世子》：“公族，其有死罪，则磬于甸人；其刑罪则纤剸，亦告于甸人。公族无宫刑。狱成，有司谳于公；其死罪则曰某之罪在大辟，其刑罪则曰某之罪在小辟。公曰：宥之。有司又曰：在辟。公又曰：宥之。有司又曰：在辟。及三宥。不对。走出，致刑于甸人。公又使人追之曰：虽然，必赦之。有司对曰：无及也。反命于公。公素服。不举，为之变，如其伦之丧。无服。亲哭之。”其优待王族，可谓达于极点了。按：《戴记》是今古文杂的，《文王世子》也是古文家言。又《曲礼》：“礼不下庶人，刑不上大夫。”许慎《五经异义》：“古《周礼》说：士尸肆诸市，大夫尸肆诸朝，是大夫有刑。”则古文说优待士大夫，不如优待王族。）八议之法：第一是议亲，第二是议故，次之才是议贤、议能、议功、议贵、议勤、议宾。今文家则纯乎是“尚贤主义”，《公羊传·宣公元年》：“古者大夫已去，三年待放。”《注》：“古者刑不上大夫，盖以为摘巢毁卵，则凤凰不翔；刳胎焚夭，则麒麟不至；刑之则恐误刑贤者；死者不可复生，刑者不可复属，故有罪放之而已，所以尊贤者之类也。三年者，古者疑狱三年而后断……自嫌有罪当诛，故三年不敢去。”大抵古文家的话，还近乎事实，今文家就纯乎是理想之谈了。

刑余之人，《王制》说："是故公家不畜刑人，大夫弗养；士遇之途弗与言也。屏之四方，唯其所之，不及以政，亦弗故生也。"是今文家言。《周礼》说："墨者使守门，劓者使守关，宫者使守内，刖者使守囿，髡者使守积。"是古文家言。似乎亦是古文家言近于事实（《周礼》：司厉"其奴：男子入于罪隶，女子入于舂槁"。郑注说就是后世的奴婢）。

以上的话，虽然有许多儒家的议论夹杂在里头，然而天下断没有突然发生的事实；儒家的议论，也必有所本；据此，可以推想我国古代的法律是颇为文明的。

秦国的法律，似乎是别一法系。《汉书·刑法志》说："陵夷至于战国，韩任申子，秦用商鞅，连'相坐'之法，造'参夷'之诛，增加肉刑大辟，有'凿颠''抽胁''镬亨'之刑。"商鞅、申不害……都是法家；法家的用刑，固然主乎严峻，然而所讲的，只是信赏必罚（从现存的《管子》《韩非子》《商君书》等来看，都是如此），并没有造作酷刑的理论。秦国用刑之严，固然同法家有点关系。至于"凿颠""抽胁""镬亨""车裂""腰斩""夷其族""夷三族"等刑罚，似乎不是商君等造的。然则这许多刑罚是从哪里来的呢？按秦国开化最晚，当时的人，都说它是戎翟之俗。这许多酷刑，难保是从未开化的蛮族里采取来的。所以我说它是别一法系（关于秦朝的刑法，参看《中古卷》第八章第五节）。

第九章　古代社会的经济组织

第一节　农业

中国的社会进化是很早的。当神农时，已经离开游牧社会进入耕稼社会了。渔猎时代和游牧时代的情形，古书所传不多，据第三章第一节所说，已可想见其大概，现在不必多讲。所要讲的，便是农业时代社会的状况。[①]

中国古代，人民的职业，分为四种。《汉书·食货志》上，替它下一个定义说："学以居位曰士，辟土殖谷曰农，作巧成器曰工，通财鬻货曰商。"（《管子》也把人民分作士、农、工、

① 四民，井田之怀疑，国野之别，贡彻之别，山泽公有，财政以农业为基，太平之义。

商四种。《史记·货殖列传》引《周书》曰："农不出则乏其食，工不出则乏其事，商不出则三宝绝，虞不出则财匮少……"是专就生产一方面说的，所以略去士而加上一个虞。《周礼·太宰》："以九职任万民：一曰三农，生九谷；二曰园圃，毓草木；三曰虞衡，作山泽之材；四曰薮牧，养蕃鸟兽；五曰百工，饬化八材；六曰商贾，阜通货贿；七曰嫔妇，化治丝枲；八曰臣妾，聚敛疏财；九曰闲民，无常职，转移执事。"把人民的职业，分作九种，总不如士、农、工、商四种分法的得当。）

这种情形，从今日以前，两千多年，差不多没有改变，而为社会的根柢的，尤其要推农人。要讲古代农业社会的情形，就要研究到"井田制度"。井田制度，见于《孟子》《韩诗外传》、《春秋》的《公羊传》《穀梁传》、《公羊》的《何注》和《汉书·食货志》等书。咱们现在，且把它汇齐了，再行研究。

按《孟子·滕文公上篇》，载孟子对滕文公说的话：

夏后氏五十而贡，殷人七十而助，周人百亩而彻，其实皆什一也。彻者，彻也，助者，藉也。龙子曰：治地，莫善于助，莫不善于贡。贡者，挍数岁之中以为常：乐岁，粒米狼戾，多取之而不为虐，则寡取之；凶年，粪其田而不足，则必取盈焉。为民父母，使民盻盻然，将终岁勤动，不得以养其父母；又称贷而益之，使老稚转乎沟壑，恶在其为民父母也？夫世禄，滕固行之矣。诗云：雨我公田，遂及我私，惟助为有公田，由此观之，虽周亦助也。

他说：一、治地有贡、助、彻三法；二、莫善于助，莫不善于贡。意思是很明白的，但是其中有几个疑点：

一、夏殷周三代紧相承接，农夫所耕的田忽而五十亩，忽而七十亩，忽而百亩，那“疆界”“沟洫”，如何改变？

二、“彻”和“助”到底怎样分别？孟子既说“周人百亩而彻”，如何又说“虽周亦助”？

三、“夫世禄，滕固行之矣”一句，和上下文都不相贯，夹在里头，是什么意思？

第一个问题，由于从前的人，都承认井田的制度（凡古书上一切制度），都曾经推行于天下；而且既说井田，就联想到《周礼》遂人、匠人等所说的“沟洫”，以为都是实有的，而且到处都是这样完备，所以有这疑问。依我看来，这种事情，是完全没有的（这种制度，至多曾推行于王畿及其附近诸国，而且是时兴时废，绝不是从周以前，推行遍天下，绵历数千年之久的。《周礼》这部书，就信它是真的人，也并不敢说它曾经实行。《论语》：“禹……卑宫室而尽力乎沟洫。”阎若璩和毛奇龄都说是治天下的小水，并不是《周礼》上所说的沟洫）。那么，这一个疑问就无从发生，可以不必管它。第二个问题：一、关于贡、助、彻的解释，既然说其实皆什一，则耕五十亩者以五亩之入为贡，耕七十亩者以七亩所入为助，耕百亩者亦系取其十亩之入是不错的。二、但是孟子何以既说周朝是彻，又说它是助呢？下文滕文公使毕战问井地，孟子对他说的是：

夫滕壤地褊小，将为君子焉，将为野人焉；无君子莫治野人，无野人莫养君子。请野，九一而助；国中，什一使自赋。卿以下，必有圭田，圭田五十亩，余夫二十五亩。死徙无出乡；乡田同井；出入相友，守望相助，疾病相扶持，则百姓亲睦。方里而井，井九百亩；其中为公田；八家皆私百亩，同养公田；公事毕，然后敢治私事，所以别野人也。

这所谓“圭田”，便是上文所谓“世禄”。大抵古代的人民，有征服者和被征服者两个阶级。征服的人，住在中央山险之地，制驭被征服者；被征服的人，住在四围平易之地，从事生产事业。所以所谓国中，必是山险之地；所谓野，反是平夷的地方（所以《易经》说“王公设险以守其国”。《孟子》也说“域民不以封疆之界，固国不以山溪之险”。章太炎《神权时代天子居山说》可以参看）。

“国”既是山险的地方，土地不能平正划分，收税的只能总算耕地的面积取其几分之几，这个便是“贡法”和“彻法”（其中“校数岁之中以为常的是贡法。按年岁好坏，征收之额可以上下的是彻法。贡法既有像龙子所说的弊病，所以周人改用彻法，这也是政治进化之一端”）。“野”既是平夷的地方，土地都可以平正划分，自然可以分出公田和私田；但借百姓的力，助耕公田，而不复税其私田（马端临说：国中必是平正之地，可以划作井田，反行贡法。野是山险之地，难于划作井田，反行助法，是因为地方远，耳目难周，怕官吏作弊。有深意存焉，适得其反），所以郑玄注《周礼》，也说遂人十夫有沟，是乡遂用贡法。匠人九夫为井，是都鄙用助法。《周礼》固然不是可靠的书，然而郑玄这个说法，却可以和《孟子》互相证明［他又说“周制畿内用夏之贡法，税夫无公田。邦国用殷之助法，制公田不税夫”。则恐系揣度之词，没有什么坚证。所以下文又据孟子的话，说邦国亦异内外（匠人注）。依我看，乡遂用贡法，都鄙用助法，恐是通于天子诸侯的旧制。孟子只想改贡法为彻法耳］。中央既是征服之族住的，所谓君子（卿以下），自然都在这地方，他们自然有特别的权利，所以有所谓圭田，圭田是无税的（《王制》：“夫圭田无征。”郑注：“夫，犹治也。征，税也。孟子曰：卿以下，必有圭田，圭田者不税，所以厚贤也”）。除此之外，便要什一使自赋。滕国当时，大概只有这圭田（世禄）的制度还是存在的，所以《孟子》说“夫世禄，滕固行之矣”；既行什一使自赋之法，这圭田的制度，仍当保存，所以又复说一句“卿以下必有圭田”。至于“方里为井……同养公田”的法子，完全是所以待野人的。上文既把君子小人对举，此处又明著之曰“别野人”，可见得圭田的法子，是所以待君子的了［《梁惠王下篇》：“文王之治岐也：耕者九一，仕者世禄。”（《赵注》：“贤者子孙，必有土地。”）和这篇所说的话，是一样的］。周朝对于国中所行的彻法，孟子时候，还明白可考，所以直截了当说周人百亩而彻；对于野所行的助法，业已破坏无余，所以只能据着诗句想象；这两句话，也并不互相矛盾的。这么说，问题统统解决了（《孟子》这一章书，本来并不十分难解，但是近来忽然有人极端怀疑，所以解释得略为详细一点）。

但是《孟子》这一段，还只是说个大略；其中说得最详细的，要算《公羊》的《何注》和《汉书·食货志》。咱们且再把它摘抄在下面。

《公羊·宣公十五年》何注：一夫一妇，受田百亩，以养父母妻子，五口为一家（《孟子·梁惠王上篇》对梁惠王说：“百亩之田，勿夺其时，数口之家，可以无饥矣。”对齐宣王说作“八口之家”）。公田十亩，即所谓十一而税也；庐舍二亩半；凡为田一顷十二亩半（《孟子·梁惠王篇》“五亩之宅”，《赵注》“庐井邑居，各二亩半，以为宅。冬入保城二亩半，故为五亩也”）。八家而九顷，共为一井，故曰井田，庐舍在内，贵人也（据《韩诗外传·诗经》“中田有庐”，就是这个讲法）；公田次之，重公也；私田在外，贱私也（《汉书·食货志》又说：“士工商家受田，五口乃当农夫一人”）。

这是一种分田的方法，还有一种换田的方法。

上田一岁一垦，中田二岁一垦，下田三岁一垦。肥饶不得独乐，垸埆不得独苦，故三年一换主（或作土）。易居［《食货志》：“民受田：上田夫百亩，中田夫二百亩，下田夫三百亩。岁耕种者为不易上田，休一岁者为一易中田，休二岁者为再易下田，三岁更耕之，自爰其处。”这是根据《周礼》的（遂人）。《何注》和《孟子》“死徙毋出乡”相合］。

它又叙述他们耕种的方法和生活的状况道：

种谷不得种一谷（《食货志》：种谷必杂五种），以备灾害。田中不得有树，以妨五谷（《食货志》多“力耕数耘，收获如寇盗之至”一句）。还庐舍种桑、荻、杂菜［阮元《校勘记》说：此荻当作萩，萩者，楸之假借字。按《穀梁·宣公十五年》范注，正作外树楸桑］。畜五母鸡，两母豕，瓜果种疆畔（据《韩诗外传》。《诗经》的“疆埸有瓜”，便是如此讲法），女尚蚕织。老者得衣帛焉，得食肉焉（《孟子》：“五亩之宅，树之以桑，五十者可以衣帛矣。鸡豚狗彘之畜，毋失其时，七十者可以食肉矣。”《食货志》还“庐树桑，菜茹有畦，瓜瓠果蓏。殖于疆埸，鸡豚狗彘，毋失其时。女修蚕织，则五十可以衣帛，七十可以食肉”。《穀梁·宣公十五年》：古者公田为居，井灶葱韭尽取焉）。死者得葬焉（所谓“死徙毋出乡”）。

在田曰庐，在邑曰里。一里八十户，八家共一巷……选其耆老有高德者，名曰父老；其有辩护伉健者为里正；皆受倍田，得乘马，父老比三老孝弟官属，里正比庶人在官（《食货志》：“五家为邻，五邻为里，四里为族，五族为党，五党为州，五州为乡，乡万二千五百户也。邻长位下士；自此以上，稍登一级，至乡而为卿也。”也是用《周礼》的）。吏民春夏出田，秋冬入保城郭（《食货志》：春令民毕出在野，冬则毕入于邑，所以顺阴阳，备寇贼，习礼文也）。田作之时，春，父老及里正，旦开门坐塾上，晏出后时者不得出，莫不持樵者不得入（《食货志》：春将出民，里胥平旦坐于右塾，邻长坐于左塾，毕出然后归，夕亦如之。入者必持薪樵，轻重相分，班白不提挈）。五谷毕入，民皆居宅。里正趋缉绩，男女同巷相从夜绩，至于夜中，故女工一月得四十五日（《食货志》：冬民既入，妇人同巷相从夜绩，女工一月得四十五日；必相从者，所以省费燎火，同巧拙而合习俗也）。

作从十月尽正月止，男女有所怨恨，相从而歌；饥者歌其食，劳者歌其事。男年六十，女年五十无子者，官衣食之，使之民间求诗；乡移于邑，邑移于国，国以闻于天子；故王者不出户牖，尽知天下所苦，不下堂而知四方（《食货志》：春秋之月，群居者将散，行人振木铎徇于路以采诗；献之太师；比其音律，以闻于天子）。

至于种田的年限，只有《汉书·食货志》上说及，它说：

民年二十受田，六十归田；七十以上，上所养也；十岁以下，上所长也；十一以上，上所强也。

这种制度，原不敢说被推行到十二分；然而地广人稀的时代，土地私有的制度还没有发生。把一块很大的地方，来均分给众人耕种，也是有的，不过加以儒家学说的润饰，便愈觉得它制度的完备罢了。

古代社会的生计，以农业为主。所以国家的财政，也以农业上的收入为基础。《王制》上说：

冢宰制国用，必于岁之杪；五谷皆入，然后制国用。用地小大，视年之丰耗，以三十年之通制国用。量入以为出。祭用数之仂（注：算今年一岁经用之数用其什一）。丧三年不祭，惟祭天地社稷，为越绋而行事。丧用三年之仂（注：丧大事用三岁之什一）……国无九年之蓄曰不足，无六年之蓄曰急，无三年之蓄曰国非其国也。三年耕，必有一年之食；九年耕，必有三年之食；以三十年之通，虽有凶旱水溢，民无菜色，然后天子食，日举以乐（《正义》：假令一年有四万斛，以一万斛拟三十年通融积聚，为九年之蓄。以见在三万斛，制国之来岁一年之用。按《公羊·宣公十五年》何注：三年耕，余一年之畜；九年耕，余三年之积；三十年耕，有十年之储。《汉书·食货志》：民三年耕，则余一年之畜。衣食足而知荣辱，廉让生而争讼息。故三载考绩，孔子曰：苟有用我者，期月而已可也。三年有成，成此功也。三考黜陟，余三年食，进业曰登，再登曰平，余六年食。三登曰泰平。二十七岁，遗九年食。然后王德流洽，德化成焉。故曰如有王者，必世而后仁。繇此道也）。

据此，则当时之所谓太平，就不过是农人的生计宽裕，因而国家的储蓄充足，社会的生活，就觉得安稳；农业在社会上的关系，可以算得大极了。

耕种而外，属于农业性质的，便要推林业、畜牧、渔猎。当时的畜牧，已经做了农民的副业（如“畜五母鸡两母彘”等）。专门采伐林木或是捕鱼打猎的人，大概也是很少的。所以当时的农业，是把公有的土地来分给平民耕种；至于采伐林木，或者捕鱼打猎的地方，却是作为全部落公有的。并没专司其事的人，所以《王制》说：

名山大泽不以封（注：其民同财，不得障管）。

《孟子》也说：

林麓川泽，以时入而不禁。

然而采取的制限，也是有的。所以《孟子》又说：

数罟不入洿池，鱼鳖不可胜食也；斧斤以时入山林，材木不可胜用也。

《王制》也说：

天子诸侯无事，则岁三田：一为干豆，二为宾客，三为充君之庖。无事而不田，曰不敬；田不以礼，曰暴天物。天子不合围，诸侯不掩群。天子杀则下大绥；诸侯杀则下小绥；大夫杀则止佐车；佐车止，则百姓田猎。獭祭鱼，然后虞人入泽梁；豺祭兽，然后田猎；鸠化为鹰，然后设罻罗；草木零落，然后入山林；昆虫未蛰，不以火田。不麛，不卵，不杀胎，不殀夭，不覆巢（《周礼》有山虞、林衡、川衡、泽虞、迹人、丱人等官。都属地官）。

第二节　工商业和货币[①]

农业而外，生利的人便要数着工商。古代社会的经济组织，虽然幼稚，然而农工商分业，却久已实行。所以《管子·小匡篇》说："士农工商四者，国之石民也；不可使杂处；杂处则其言哤，其事乱；是故圣王之处士必于间燕，处农必就田野，处工必就官府，处商必就市井。"又说"士之子常为士""农之子常为农""工之子常为工""商之子常为商"。

---

① 《食货志》说，商<国野 治商之法之严，从招徕到征税，工官至私家，制造各种币材，金铜不相权。

把工商两种人比较起来，商人的程度，似乎高些。大约是其周游四方，无所不至；而工人则但立于官吏监督之下，笃守旧法，从事制造之故。

中国的商业萌芽是很早的。《洪范》八政：一曰食，二曰货，《汉书·食货志》替它下个界说道：

“食”谓农殖嘉谷，可食之物；“货”谓布帛可衣，及金刀龟贝，所以分财布利通有无者也。

前者是消费了它本身以为利的，后者是不供给消费，拿来做“交易的手段”以为利的。《洪范》上头，就把这两种并列，可见当时的商业已占很重要的位置，又追溯它的起源道：

二者生民之本，兴自神农之世（以下引《易·系辞》的话，见前面第三章第一节）。

据此来看，就可见得中国商业萌芽之早了。

后世的商业要分作两种：一种是《王制》所谓“市廛而不税”，《孟子》所谓“市廛而不征，法而不廛”的（《公孙丑篇》。按郑注《王制》说：“廛，市物邸舍。税其舍，不税其物。”赵注《孟子》说：“廛，市宅也。古者无征，衰世征之……法而不廛者，当以什一之法征其地耳，不当征其廛宅也。”两说不同），这种商人都有一定的廛舍，他们的廛舍是在国中，所经营的商业较大（《周礼》匠人营国，面朝后市，内宰佐后立市，也属于这一种）。国家管理他们的法子也很严。《王制》上说：

有圭璧金璋，不粥于市；命服命车，不粥于市；宗庙之器，不粥于市；牺牲不粥于市；布帛精粗不中数，幅广狭不中量，不粥于市；奸色乱正色，不粥于市；锦文珠玉成器，不粥于市；衣服饮食，不粥于市，五谷不时，果实未熟，不粥于市；木不中伐，不粥于市；禽兽鱼鳖不中杀，不粥于市。

这种严厉的规则，有几种意义：一种是为保持社会的阶级制度，如“命服命车，不粥于市”等；一种是为维持社会上的风俗秩序，如“布帛精粗不中数”（当时的布帛，是交易的媒介物，有货币的性质）、“衣服饮食，不粥于市”等（为禁止人民的懒惰奢侈）；一种是为社会经济、人民健康起见，如“五谷不时”“木不中伐，不粥于市”等。

《周礼》上管理商人的有司市以下各官，也是很严厉的。大概当时的商人，是立于政府严重监督之下，不如后世的自由。然而商业的利益古人也是很晓得的，所以《王制》和《孟子》都说

“关讥而不征”，很有招徕的意思（《周礼》却有关门之征，要凶——饥荒——札——疾疫死亡——才免。见《司关》）。

还有一种，是在乡野地方做买卖的，并没有一定的廛舍（所以《白虎通》说“行曰商，止于贾”）。

《公羊·宣公十五年》何注：因井田以为市，故俗语曰市井。

《孟子》：古之为市也，以其所有，易其所无者，有司者治之耳。有贱丈夫焉，必求龙断而登之，以左右望而罔市利，人皆以为贱，故从而征之。征商，自此贱丈夫始矣。（注：龙断，谓堁断而高者也。左右占望，见市中有利，罔罗而取之。《释文》陆云：龙断，谓冈垄断而高者。）

这种市大概是设在野田墟落之间的。未必终年都有，不过像如今的集市一般。神农氏日中为市，大概就是这一种制度。《酒诰》上说“肇牵车牛远服贾”，大概也是农民于收获之后，去赶这一种贸易的。

工业也是这样。有一种人，是专门做工的。就是《曲礼》所谓“天子之六工：曰土工，金工，石工，木工，兽工，草工，典制六材”。《考工记》所谓“凡攻木之工七，攻金之工六，攻皮之工五，设色之工五，刮摩之工五，抟埴之工二”。

这一种工人，是立于国家监督之下，而从事于制造的。所以《荀子》说工师之职是“论百工，审时事，辨功苦，尚完利，便备用；使雕琢文采，不敢专造于家”。至于民间日用之物，大概都是自己造的。《考工记》：“粤无镈，燕无函，秦无庐，胡无弓车。粤之无镈也，非无镈也，夫人而能为镈也；燕之无函也，非无函也，夫人而能为函也；秦之无庐也，非无庐也，夫人而能为庐也；胡之无弓车也，非无弓车也，夫人而能为弓车也。”可以推见一斑［大概切用的物，都是自己造的。俄国人某（忘其名）《新疆游记》，说新疆沙漠地带，往往隔数里或百里，有一块泉地。这种泉地里，都有汉人在那里耕种。除掉金属器具之外，一切都能够自制，可以无待于交易的］。

古代的社会，经济程度幼稚，每一个部落，大概都有经济自足的意思。所以种种需用的器具，必须自造。工业就不得不特设专官。实在不能自给的，也得要仰给于人；然而这时候社会的经济情形，未必一切货物都能循供求相剂的原则，得自然调剂。有时候缺乏起来，就得靠托商人，出去想法子。所以国家和商人，也有相依为命的时候。看子产对韩宣子说：“昔我先君桓公，与商人皆出自周；庸次比耦，以艾杀此地，斩之蓬蒿藜藋而共处之。世有盟誓，以相信也，曰：尔无我叛，我无强贾；毋或匄夺；尔有利市宝贿，我勿与知。”（可见《左传·昭公十六年》）

商人和工人的情形，虽已大略讲过；然而古代货币的情形，也得考究它一考究，才能见得当时社会交换的状况。按我国古代用为货币的，最多的就是“贝”，次之就是“布”。所以货贿一类的字，都从贝，而后世的货币，还名为布（参看近人《饮冰室丛著·中国古代币材考》）。至于金属的使用，也是很早的。所以《史记·平准书》说：

> 虞夏之币，金为三品：或黄，或白，或赤；或钱，或布，或龟贝。

但是当时的制度，业已不可详考，所以《汉书·食货志》又说：“凡货，金钱布帛之用，夏殷以前，其详靡记云。”其有一定的制度，实在起于周朝。《食货志》又说：

> 太公为周立“九府圜法”。黄金方寸而重一斤；钱圜函方，轻重以铢；布帛广二寸为幅，长四丈为匹。

钱圜函方，已经近于铸造币制。黄金虽然还在秤量时代，也已经明定一个用法；粗看起来，似乎金铜两品“相权而行”了。然而实在不是。古代的黄金，并不和铜钱相权，而且黄金之外，用为货币的，还是珠玉，这都是用之于远处，偶一行之，并不是常用的货币。《管子》说（据《文献通考·钱币考》，较今本《管子》为简明）：

汤七年旱，禹五年水，人之无𫗴，有卖子者。汤以庄山之金铸币，而赎人之无𫗴卖子者。禹以历山之金铸币，以救人之困……

玉起于禺氏，金起于汝汉，珠起于赤野。东西南北去周七八千里。水绝壤断，舟车不能通。先王为其途之远，其至之难，故托用于其重。以珠玉为上币，以黄金为中币，以刀布为下币。

可见“珠玉黄金”，不过当饥荒之际，需用极远地方的货物，偶一用之。至于平时民间使用，却系用两种铜钱相权。所以周景王要铸大钱，单穆公说：

古者天降灾戾，于是乎量资币，权轻重以救民。民患轻，则为之作重币以行之，于是有母权子而行民皆得焉。若不堪重，则多作轻而行之，亦不废重，于是有子权母而行，小大利之。今王废轻而作重，民失其资，能无匮乎。

然而，据战国时代李悝所计算，则当时民间需用铜钱之数，也是很少的。大概社会上的经济，一大部分还在自足时代。请看下节。

第三节　春秋战国时代社会经济的变迁[①]

古代社会的经济组织，它的特质，到底在什么地方呢？就是“私有制度”还没有起源，一个人的生产，不是为着自己而生产，都是为着全社会而生产的。一个人的消费，也不必自己设法，社会上总得分配给他一份。所以当时的农工商，并不是为自己要谋生活，才去找这件事干的；是社会全体，要经营这种事业，分配到他头上；所以他们都是“世业”，并没有“择业的自由”。所以当时就是不能工作的人，分配起来，也得给他一份。《王制》上说：

少而无父者谓之“孤”，老而无子者谓之“独”，老而无妻者谓之“矜”，老而无夫者谓之“寡”，此四者，天民之穷而无告者也，皆有常饩。“喑”“聋”“跛”“躃”“断者”“侏儒”，百工各以其器食之（《正义》：此等既非老无告，不可特与常饩；既有疾病，不可不养；以其病尚轻，不可虚费官物。故各以其器食之。器，能也。因其各有所能，供官役使，以廪饩食之）。

① 共产，兵力，商业，消费之等级。井田之坏，山泽私有，工入私人，商业之盛，风气之变。

这些都是根据这一种“分配制度”来的。就是孔子所说“故人不独亲其亲，不独子其子，使老有所终，壮有所用，幼有所长，鳏寡孤独废疾者，皆有所养；男有分，女有归。货恶其弃于地也，不必藏于己；力恶其不出于身也，不必为己”，所梦想的也是这一种经济组织。

但是这种组织，到后来破坏了。为什么破坏呢？我说有两种原因：

一、当时社会上，有贵族、平民两种阶级。贵族阶级侵夺平民阶级。

二、因生产的方法进步了，各部落都有余财，交易之风渐盛（一个部落里，虽没有私有财产的人，然而部落的财产，却是私有的。所以部落和部落之间，仍可互相交易）。因交易之风渐盛，而生产方法格外改变。从前各个部落，都得汲汲乎谋自给自足的，到这时候却可以不必（缺乏了什么，可以仰给于其他部落）。于是个人渐可自由择业，而财产私有之风已起（参看《建设杂志》之马克思的《资本论解说》）。

所以当时旧组织的崩坏，第一件，便是井田制度的破坏。对于井田制度的破坏，《孟子》说：

> 夫仁政，必自经界始。经界不正，井地不均，谷禄不平。是故暴君污吏，必慢其经界。

寥寥数语，把井田制度破坏的原因，说得十分透彻。这分明都是由贵族侵夺平民造成的。再看朱子的《开阡陌辨》（《文献通考》卷一）：

《汉志》言秦废井田开阡陌，说者之意，皆以开为开置之开，言秦废井田而始阡陌也……按阡陌者，旧说以为田间之道；盖因田之疆畔，制其广狭，辨其纵横，以通人物之往来……当衰世法坏之时，则其归授之际，必不免有烦扰欺隐之奸；而阡陌之地，切近民田，又必有阴据以自私，而税不入于公上者。是以一旦奋然不顾……悉除禁限……听民兼并卖买……使民有田即为永业，而不复归授，以绝烦扰欺隐之奸；使地皆为田，田皆出税，以核阴据自私之幸……故《秦纪》《鞅传》皆云：为田开阡陌封疆而赋税平。蔡泽亦曰：决裂阡陌，以静生民之业而壹其俗……

这一篇说话，尤可见得井田制度的破坏，全由于贵族的侵占自私。井田制度，是古代共产社会的根本，井田制度一破，共产社会的组织就从根本上打消了。

按李悝替魏文侯作尽地力之教说（《汉书·食货志》）：

今一夫挟五口，治田百亩，岁收亩一石半，为粟百五十石。除十一之税十五石，余百三十五石。食：人月一石半，五人终岁，为粟九十石。余有四十五石。石三十，为钱千三百五十。除社，闾，尝新，春秋之祠，用钱三百；余千五十。衣：人率用钱三百，五人终岁，用千五百。不足四百五十。不幸疾病死丧之费，及上赋敛，又未与此。

则当时的农民，就使实有百亩之田，养活一家五口，已经不足；何况照上文的研究，绝没有百亩之田。再看韩非子的说法（《五蠹篇》）：

今人有五子不为多，子又有五子，大父未死而有二十五孙，是以人民众而货财寡，事力劳而供养薄。

更何况一家又绝不止五口呢。然则当时的农民过什么日子呢？

其第二件，便是商业的发达。阶级制度全盛的时代，一切享用都要“身份相称”，下级社会的人，有了钱也没处使用（《白虎通·五刑篇》：“礼不下庶人，欲勉民使至于士……庶人虽有千金之币，不得服”）。所以商业不能大盛，加以古代生产的方法幼稚，平民社会里，也实在没有几个宽裕的人。

到后来，生产的方法渐次进步，阶级的制度又渐次被破坏。只要有钱，凭你怎样使用。这种旧制度，就一天天地崩坏了，《汉书·货殖传》说：

昔先王之制，自天子、公、侯、卿、大夫、士，至于皂隶、抱关、击柝者，其爵禄、奉养、宫室、车服、棺椁、祭祀、死生之制，各有差品，小不得僭大，贱不得逾贵。夫然，故上下序而民志定……及周室衰，礼法堕，诸侯刻桷丹楹，大夫山节藻棁；八佾舞于庭，雍彻于堂；其流至于士庶人，莫不离制而弃本，稼穑之民少，商旅之民多，谷不足而货有余。

这几句话，把商业发达的情形，叙得了如指掌。《史记·货殖列传》说："用贫求富，农不如工，工不如商。"又说："无财作力，少有斗智，既饶争时。"俨然是一种大规模的竞争了。

还有一件，便是古代所谓名山大泽，与民同财（**见本章第一节**）的地方，到后来，都给私人占去，于是农民非常之苦，而畜牧、树艺等事业，却非常之发达。所以《史记·货殖列传》说：

陆地牧马二百蹄，牛蹄角千，千足羊，泽中千足彘，水居千石鱼陂，山居千章之材。安邑千树枣，燕秦千树栗，蜀汉江陵千树橘，淮北常山已南河济之间千树萩，陈夏千亩漆，齐鲁千亩桑麻，渭川千亩竹，及名国万家之城，带郭千亩，亩钟之田，若千亩卮茜，千畦姜韭，此其人皆与千户侯等。

这三种人，一种是“大地主”，一种是“商人”，一种是“擅山泽之利”的。终前汉一朝，始终是社会上的富者阶级。这个且待《中古卷》再讲。

社会上经济的变迁剧烈如此，于是拜金主义大为流行。“子贡结驷连骑，束帛之币，以聘享诸侯；所至国君，无不与之分庭抗礼。”乌氏倮以畜牧起家。“秦始皇帝令倮比封君，以时与列臣朝请。”巴寡妇清，擅丹穴之利，“秦皇帝以为贞妇而客之，为筑女怀清台”（《史记·货殖列传》）。而穷人则：

庶人之富者累巨万，而贫者厌糟糠（《汉书·食货志》）。

凡编户之民，富相什则卑下之，伯则畏惮之，千则役，万则仆（《史记·货殖列传》）。

其受生计压迫，奔走求食的情形，则《史记·货殖列传》说：

故壮士在军，攻城先登，陷阵却敌，斩将搴旗，前蒙矢石，不避汤火之难者，为重赏使也；其在闾巷少年，攻剽椎埋，劫人作奸，掘冢铸币，任侠并兼，借交报仇，篡逐幽隐，不避法禁，走死地如鹜者，其实皆为财用耳。今夫赵女郑姬，设形容，揳鸣琴，揄长袂，蹑利屣，目挑心招，出不远千里，不择老少者，奔富厚也。游闲公子，饰冠剑，连车骑，亦为富贵容也。弋射渔猎，犯晨夜，冒霜雪，驰坑谷，不避猛兽之害，为得味也。博戏驰逐，斗鸡走狗，作色相矜，必争胜者，重失负也。医方诸食技术之人，焦神极能，为重糈也。吏士舞文弄法，刻章伪书，不避刀锯之诛者，没于赂遗也。农工商贾畜长，固求富益货也；此有智尽能索耳，终不余力而让财矣。

把社会上的形形色色，一切都归到经济上的一个原因，马克思的唯物史观，也不过如此。

总而言之，一、贵贱的阶级破，贫富的阶级起；二、共有财产的组织全坏，自由竞争的风气大开。这是春秋战国时代社会的一种大变迁，是三代以前和秦汉以后社会的一个大界限。

第十章 古代的宗教和文化

第一节 古代的哲学和宗教

古代人的思想，似乎是很幼稚的。然而，天下无论什么事情，都是从人的心理发展出来的（物质方面的势力，自然也不可蔑视）；后代人的思想，又总是接着古代人的思想逐渐改变的。所以研究古代人的思想，在史学上头，实在有很大的价值（在中国这种崇古的社会里头，更为要紧）。

要研究古代人的思想，先得明白一种道理。便是古代人所想解决的，都是“有”“无”“空间”“时间”等幽深玄远的问题，他们的研究，大概是凭着“想象”和“推测”。[1] 要像后世以科学为根据，或是起了“认识论”上的疑念，对于“形而上学问题的解决”而怀疑的，实在很少。

中国古人解释“宇宙的起源”，以“气”为万物的原质，颇近于希腊的“唯物论”。又推想一切万有，都起于“阴阳二力”的结合，也和“二元论”有些相像。但是它又推想“阴阳二力”，其初同出于一原；而且“有”的根本，是出于“无”，却又不能说它是“唯物论”“二元论”了。[2] 他们推想最初的世界道：

> 天下万物生于“有”，“有”生于“无”（《老子》）。
>
> 泰初有“无”，无“有”无“名”；“一”之所起，有“一”而未形（《庄子》）。
>
> “有形”出于“无形”；“未有天地”，能生“天地”者也（《淮南子·说山》）。

从无而到有，是阴阳二力还没有分的。所以说：

---

① 阴阳——太极；五行；气

易——形——质：天——（命）——物（德）；祖——人

泛神

② 因果——慎始……变通。循环——倚伏，法自然。

“太极元气”，含“三”为“一”（《汉书·律历志》）。

从一而分为二，就是“太极”分为“两仪”。阴阳二力，再相和合，所生的物，便无穷了。[①]所以说：

“一”生“二”，“二”生“三”，“三”生“万物”（《老子》。《春秋元命苞》：阴阳之性以一起，人副天道，故生一子）。

但是从无而至有，究竟是怎样的呢？是“有”，便像如今的样子呢，还是逐渐变迁成功的呢？他们说：

……有“太易”，有“太初”，有“太始”，有“太素”。“太易”者，未见“气”也；“太初”者，“气”之始也；“太始”者，“形”之始也；“太素”者，“质”之始也。“气”“形”“质”具而未相离，谓之“浑沦”；“浑沦”者，言万物相混沌而未相离也（《周易正义》八论之一引《乾凿度》）。

① 四时、五方、六合、八卦、九宫。感生，受命，革命。

"质"出于"形"，形出于"气"，而气出于"易"，"易"是"变易"，就是"动而不息"的意思；那么，古人认一切万有，是源于一种"动力"的。

自无出有谓之"生"（《文选》六引刘巘《周易义》：自无出有曰生），生于宇宙间之物，既然都是有质的，那么，它于"宇宙间的物质"，必定得到其一部分；这便唤作"德"（这是"德"字的本义）。所以说：

> 天地之大"德"曰"生"（《易·系辞》）。
>
> 物得以生谓之"德"（《庄子·天下篇》）。

得到"宇宙间的物质"的一大部分而生，谓之"命"。所以说：

> 大凡生于天地之间皆曰"命"（《礼记·祭法》）。

宇宙间的物，同出于一原。所以虽然散而为万物，其根源仍是"同一"的。这个根源，便是天（万物皆生于阴阳二力，而阴阳二力之动，阳又在先，所以可说物本乎天地，又可单说物本乎天）。所以天神称为"上帝"；"帝"就是"蒂"，古作“柢”，和“根”字是双声互训的（详见吴大澂《字说》）。所以说：

物本乎天，人本乎祖（《礼记·郊特牲》）。

宇宙间的物质，本来是唯一的。有一种力，叫它“凝集”起来，就成为有形有质的“物”；凝聚的力散了，便又分离为无数“小分子”（也可以说是“原子”），浮游于空间。这其间又起变化，而再成为别种的“物”。所以说：

精气为“物”，游魂为“变”［《易·系辞》。精气是“精的气”，精是“凝集得极坚密”的意思。所以说“窈兮冥兮，其中有精，其精甚真”（《老子》）。真和“填”“阗”等同音，是充实的意思］。

那么一切有，无非一种原质所流动而变化的了。所以说：

凡物之“精”，此则为“生”，下生五谷，上为列星，流于天地之间谓之鬼神（《管子》）。

有形有质的物，都有个局限。“最小而可称为无”的“原子”，却是没有的，是无所不遍的，所以宇宙之间是充实的。所以说：

“神”无方而易无体（《易·系辞》）。

惟“神”也，故不疾而速，不行而至（同上）。

“鬼神”之为德，其盛矣乎。视之而不见，听之而不闻，体物而不可遗（《礼记·中庸》）。

这么说，中国古代的哲学，又近乎“泛神论”了。

以上所述，用科学的眼光来看自然不能满足，然而古代一切思想，没有不以此为根据的。因为有生于无，所以“贵无”［“无”不但是老子所贵，就孔子也说“以致五至而行三无”（《礼记·孔子闲居》）。“无为而治者，其舜也与？夫何为哉，恭己正南面而已矣。”（《论语·卫灵公》）］。无就是虚，所以又“贵虚”（《韩非子·主道》：虚则知实之情，静则知动者正）。有的起初，是“一而未分”的，所以“贵一”（《老子》：昔之得一者，天得一以清，地得一以宁，神得一以灵，谷得一以盈，万物得一以生，王侯得一以为天下贞。《吕氏春秋·大乐》：故一也制令，两也从听。是以圣人抱一以为天下式）。因为贵一，所以要“反本”（《老子》：既得其母，以知其子；既知其子，复守其母；没身不殆。《礼记·

大学》：其本乱，而末治者否矣）。从政治上讲起来，就要“正本”；君主的责任权力，就从此发生。从道德上说，也就发生“报本”之义（董仲舒说：是故圣人深探其本而反自贵者始，故为人君者，正心以正朝廷，正朝廷以正百官，正百官以正万民，正万民以正四方。《公羊·元年·春王正月》何注：春秋以元之气，正天之端，以天之端，正王之政，以王之政，正诸侯之即位，以诸侯之即位，正境内之治）。本就是中，所以贵“守中”（“皇极”的“极”训中，老子多言数穷，不如守中）。凡物之生，都是积微成著的，所以要“慎微”（古人说从无而至有，有形无形，算作一个阶段，先要有形，才能有体。微是无形的意思，著是有形的意思。所以《乾凿度》说：“天气三微而成著，三著而成体。”《荀子·赋篇》说：“物精微而无形。”《老子》：“抟之不得名曰微。”《孙子》：“微乎微，微至于无形”）。又都是从小到大的，所以要“慎始”（《大戴礼·保傅》：正其本，万物理。失之毫厘，差以千里。故君子慎其始也），要“谨小”（谢承《后汉书》载李咸奏：春秋之义，贬纤介之恶，采毫末之始），要“慎独”［独的本义训小，不训单独。《礼记·礼器》：“观天下之物，无足以称其德者。则得不以少为贵乎（古“少”“小”二字互通）。是故君子慎其独也。”《大学》《中庸》的慎独，也是如此讲，并不是说独居之时（所以说诚于中，形于外，也是积微成著的意思）。《六韬》："太公曰：凡兵之道，莫过于一。一者，能独往独来。"这个"独"字，也是训小的。《易》初六童观，马融注童，犹独也］。生又唤作"善"，所以贵"积善"［既生之后，逐渐长成，谓之善。这是"善"字的本义。因为生机畅遂，是人人所乐，才引申为善恶之善。《易·系辞》：一阴一阳之谓道，继之者善也。成之者性也。这个"善"字，用的是本义。因为善是逐渐生长的意思，所以贵乎积（《易·文言》："积善之家，必有余庆。积不善之家，必有余殃。臣弑其君，子弑其父，非一朝一夕之故。其所由来者渐矣。"把由来者渐训积不善，可见善是继续生长的意思）。逐渐生长的东西，要等它发达到极点才好，所以说"止于至善"（《礼记·大学》）］。这种问题，都是在极幽深玄远的地方的［万物的起源，古人在空间上，设想它在极高极远的地方。所以说"天玄而地黄"。玄是黑色，深远之处，一定是黑暗而不可见的。所以《后汉书·张衡传》注说："玄，深也。"（《庄子》："天下以深为根。"）在时间上，设想它在极悠久的年代。所以说"天为古，地为久"（《周书·周祝篇》）。天字训古，确是古义，所以郑康成注《尚书》粤若稽古，训稽古为同天。俞正燮说："《三国志》《书正义》，均诋郑氏信纬，以人系天，于义无取。且云：古之为天，经无此训，不悟《诗》云，古帝命武汤，正是经训古为天。"

（《癸巳类稿》卷一）]。所以贵“知几”（《易·系辞》：“知几其神乎。几者，动之微，吉之先见者也。”《尚书大传》：“旋机者何也？机者，几也，微也。其变几微，而所动者大，谓之旋机。”正是“几者动之微”的“的诂”），贵“极深研几”（《易·系辞》：夫易，圣人之所以极深而研几也）。万有的起源，是一种动力。这种动力，是动而不已的。所以贵“变通”，忌“执一”（《易·系辞》：“易穷则变，变则通，通则久。”《孟子》：“子莫执中，执中为近之，执中无权，犹执一也”）。虽然动而不已，然而仍有其“不变”者存（譬如四时昼夜，终而复始），所以说这一种动是“循环”的（《史记·高帝本纪赞》：三王之道若循环，终而复始），说“天道好还”（四字见《老子》。所以易有“变易”“不易”二义）；因为“天道好还”，所以说“福兮祸所伏，祸兮福所倚”（也见《老子》），说“将欲歙之，必固张之；将欲弱之，必固强之；将欲废之，必固兴之；将欲夺之，必固与之”（也是《老子》中的话）。因为宇宙间的事物，都有天然的规则秩序，人在其间，也莫能自外，所以贵乎“法自然”（《老子》：道法自然）。

以上所说，不过是略举数端。若要备细推论起来，便是千言万语也不能尽。然而可见古代的宗教、哲学、政治、伦理……都有一贯的原理，存乎其间。从这种原理上，推衍发展，而成为社会上的一切现象。可见得这种思想，看似幽深玄远，却是社会上一切显著的现象的根本（因为人的做事，总有一部分的原因在心理上，不能全用物质说明的），研究社会现象的科学的人，实在不容蔑视。

以上所说，都偏于思想一方面，可以算是古代的哲学史。无论哪一种哲学，绝没有能完全否认宗教的；无论哪一种宗教，也总含有几分哲学上的解释。何况古代，岂有只有哲学上的思想，没有宗教上的感情的道理呢？咱们既明白了古代的哲学思想，便可以进而考究古代宗教上的崇拜。

中国是进化极早的国，它的宗教，绝不是“拜物教”等劣等的宗教。它宗教上的崇拜，和哲学的思想是可以一贯地说明的。它所崇拜的对象，是什么呢？可以说是天象。

古人认阴阳二力为万物的起源，所以他们所崇拜最大的对象便是“天地”。但是物之生，是由于四序的推行，这是显而易见的。所以次于天地的崇拜，便是“四时”。把四时分配在“四方”，再加以上天下地，就是“六合”。从六合之中，除掉了一个天，便成“五方”。把古人所说“物质生成的五种形态”配上去，就成了五行。再加之以“四隅”。那么，单就四正四隅来说，就成了“八卦”。连着中央算，就成了“九宫”。适和古人“一生二，二生三，三三而九”的思想相合。九宫的周围，却有十二，所以又有所谓“十二支”，适可以配十二月。把三和五相乘，就是十五，于是又找到一个Magic square，填在九宫里头，就成了后世所谓“洛书之数”了（《大戴礼·盛德篇》：明堂者……二九四，七五三，六一八。这分明是一种Magic square。后世的人，却把它看作一种神秘的东西，欲知其详，可看胡渭《易图明辨》）。

古人所认为生物的本源是天地和四时，所以有所谓五帝，又有所谓六天。《郊特牲正义》说：

> 指其尊极清虚之体，其实是一；论其五时生育之功，其别有五；以五配一，故为“六天”……又《春秋纬》紫微宫为“大帝”。又云：北极耀魄宝。又云：大微宫有五帝座星：青帝曰灵威仰，赤帝曰赤熛怒，白帝曰白招拒，黑帝曰汁光纪，黄帝曰含枢纽。

六天之中，昊天上帝耀魄宝，是不管事的（古代的君主，要无为而治，最初就是取象于此）。所以论生育之功，只有五帝，五帝之中，青帝主春生，赤帝主夏长，白帝主秋杀，黑帝主冬藏，黄帝就是地，为什么天不管事，地却要管事呢？《白虎通·五行篇》说：

> 地之承天，犹妻之事夫，臣之事君也；谓其位卑；卑者亲

视事，故自同于一行，尊于天也。

那么，地的管事，又在什么时候呢？它说：

土王四季各十八日……土所以王四季何？木非土不生，火非土不荣，金非土不成，水非土不高；土扶微助衰，历成其道，故五行更王，亦须土也。王四季，居中央，不名时（同上，又：行有五时有四何？……土尊不任职，君不居部，故时有四也。按：木、火、金、水，各王七十二日，合土王四季各十八日，等于三百六十日）。

然则水火木金土，又是什么东西呢？按《白虎通》解释五行的“行”字道：“言行者，欲言为天行气之义也。”古人把气认作万物的原质，说“行气”，就是把气变作有形有质之物，就是“万物的生成”。所以《书·洪范正义》解释五行的“次序”道：

万物成形，以微著为渐；五行先后，亦以微著为次。水最微为一，火渐著为二，木形实为三，金体固为四，土质大为五。

他们又说它的“生克”和“配合”道：

木生火者，木性温暖，伏其中，钻灼而出，故生火。火生土者，火热，故能焚木，木焚而成灰，灰即土也……金居石，依山津润而生，联土成山，山必生石，故土生金。金生水者，少阴之气，温润流泽，销金亦为水……故金生水。水生木者，因水润而能生，故水生木（萧吉《五行大义》）。

五行所以相害者：天地之性，众胜寡，故水胜火也；精胜坚，故火胜金；刚胜柔，故金胜木；专胜散，故木胜土；实胜虚，故土胜水也（《白虎通·五行篇》）。

这全是把当时一种幼稚的“物质思想”，附会上去的。至于上帝，虽不管事，也有“下行九宫”之说。

《后汉书·张衡传》注引《乾凿度》：太乙取其数以行九宫。郑玄注：太一者，北辰神名也。下行八卦之宫，每四乃还于中央。中央者，地神之所居，故谓之九宫。天数大分，以阳出，以阴入，阳起于子，阴起于午，是以太一下行九宫，从坎宫始。自此而坤，而震，而巽，所行者半矣，还息于中央之宫。既又自此而乾，而兑，而艮，而离，行则周矣。上游息于太一之星，而反紫宫也（昊天上帝，又名太一。见《周礼》郑注。《南齐书·高帝纪》九宫者：一曰天蓬，以制冀州之野；二为天芮，以制荆州之野；三为天冲，其应在青；四为天辅，其应在徐；五为天常，其应在豫；六为天心，七为天柱，八为天任，九为天英，其应在雍，在梁，在扬，在兖）。

这种说法，和《易·系辞》“帝出乎震，齐乎巽，相见乎离，致役乎坤，说言乎兑，战乎乾，劳乎坎，成言乎艮”是相合的。

以上的话，用如今人的眼光来看，荒唐极了。然而古代的社会现象，也无一不出乎此，即以政治论，万物的生成，都出于天；天上主化育的，就是五帝；王者代天宣化，所以有“感生”之说（《诗·生民正义》引《五经异义》：“诗齐、鲁、韩，《春秋公羊》说，圣人皆无父，感天而生。”按《诗》“履帝武敏歆”，郑笺：“帝，上帝也，敏，拇也……祀郊禖之时，时则有大神之迹，姜嫄履之，足不能满，履其拇指之处，心体歆歆然……于是遂有身……后则生子……是为后稷。”又《商颂》：“天命玄鸟，降而生商。”郑笺：“玄鸟，鳦也……汤之先祖，有娀氏女简狄……鳦遗卵……简狄吞之而生契。”郑康成先学韩诗，笺诗多同韩义。感天而生，所以谓之天子）。四序之运，成功者退，所以有“五德终始”之说（俞樾《达斋丛说》：五德更王，古有二说。《汉书·律历志》载《三统历》曰：唐火德，虞土德，夏金德，商水德，周木德，此一说也。《文选·齐安陆昭王碑》注引《邹子》曰：五德从所不胜，虞土，夏木，殷金，周火，又一说也……秦自谓以水德王，此相胜之说。周火故秦水也。汉自谓以火德王，此相生之说，周木故汉火也）……既有五德终始之说，一姓就不能终有天下，所以有“易姓革命”之说，革命的命，是指天命而言，所以王者之兴，有受命之说（受命是指符瑞而言。有一种符瑞出现，便是天命他做天子的证据。譬如“河图洛书”，就是符瑞的一种。详见《诗·文王篇正义》。《孟子·万章篇》：“……然则舜有天下也，孰与之，曰：天与之。天与之者，谆谆然命之乎？曰：否，天不言，以行与事示之而已……使之主祭，而百神享之，是天受之。使之主事而事治，百姓安之，是民受之也。天与之，人与之，故曰：天子不能以天下与人。尧崩，三年之丧毕，舜避尧之子于南河之南，天下诸侯朝觐者，不之尧之子而之舜，讼狱者，不之尧之子而之舜，讴歌者，不讴歌尧之子而讴歌舜，故曰天也……《泰誓》曰：天视自我民视，天听自我民听，此之谓也。”把天心和民意，打成一橛，荒怪之说，一扫而空，高则高矣，然而是儒家的学说，不是古代的事实）。王者的治天下，全是奉行天意，所以治定之后，要封禅以告成功（《白虎通·封禅篇》：王者易姓而起，必升封泰山何？报告之义也。始受命之日，改制应天；天下太平功成，封禅以告天也）。所以王者的治天下，是对于天而负责任；既然是对于天而负责任，对于人自然是不负责任的了。这是从大处说的，若要逐一仔细说起来，就千言万语也不能尽。读者诸君，请把惠氏栋的《明堂大道录》看一遍，就可以知道古代一切政治和宗教的关系了（因为明堂是中国最早一个神秘的东西，一切宗教上的崇拜，都在这里头，一切政治，都在这里头施行，一切学术，也都发源于此的）。此外一切现象，古人也用宗教去解释它们。看《白虎通》的《五行篇》，就可以明白。

第二节　文字的起源和变迁①

中国文字的起源，已见第三章第一节。据《正义》，则“上古结绳而治，后世圣人易之以书契”的“后世圣人”，是黄帝、尧、舜。再看许慎《说文解字叙》说：

> 黄帝之史仓颉，见鸟兽蹄迒之迹，知分理之可相别异也，初造书契。

① 缘起，变迁，统一，古文，大/小篆，隶。　韵语——字典——六书。

则文字起于黄帝，殆无疑义[①]。然而《尚书伪孔传叙》说：

古者伏羲氏之王天下也，始画八卦，造书契，以代结绳之政，由是文籍生焉。

《伪孔传》原是不足论的书，它要说“伏羲、神农、黄帝之书，谓之《三坟》……少昊、颛顼、高辛、唐、虞之书，谓之《五典》……”所以不得不说伏羲时有文字。然而这所谓《三坟》《五典》，也是杜撰的［《左传·昭公十二年》“是能读三坟五典八索九丘”，杜注“皆古书名”。《伪孔传》根据于王肃，杜预和王肃，是互相依附的（见丁晏《尚书余论》），尚且只说“皆古书名”；此外《正义》所引诸说，无一和《伪孔传叙》相同；故知此说定是杜撰］。所以此说原不足论，然而《正义》引申它的话，却颇可注意。《正义》说：

《尚书纬》及《考经谶》，皆云三皇无文字，又班固、马融、郑玄、王肃诸儒，皆以为文籍初自五帝，亦云三皇未有文字（按：《伪孔传》虽根据王肃，然辗转相传，至东晋时才出现。又未必尽肃之旧，所以又有异同的地方）……又仓颉造书，出于《世本》，仓颉岂伏羲时乎？且《系辞》云：黄帝、

① 象形衍声问题。

尧、舜，为九事之目；末乃云上古结绳而治，后世圣人易之以书契。是后世圣人即黄帝、尧、舜，何得为伏羲哉？……不同者……其仓颉则说者不同。故《世本》云：仓颉作书，司马迁、班固、韦诞、宋衷、傅玄，皆云仓颉黄帝之史官也。崔瑗、曹植、蔡邕、索靖，皆直云古之王也。徐整云：在神农、黄帝之间。谯周云：在炎帝之世。卫氏云：当在庖牺、苍帝之世。慎到云：在庖牺之前。张揖云：仓颉为帝王，生于禅通之纪。《广雅》曰：自开辟至获麟，二百七十六万岁，分为十纪；则大率一纪二十七万六千年；十纪者……禅通，九也……如揖此言，则仓颉在获麟前二十七万六千余年……又依《易纬通卦验》，燧人在伏羲前。表计置其刻曰，苍牙通灵昌之成。孔演命，明道经。郑玄注云：刻，谓刻石而记识之……又《韩诗外传》称古封泰山禅梁甫者万余人，仲尼观焉，不能尽识。又《管子书》称管仲对齐桓公曰：古之封泰山者七十二家，夷吾所识，十二而已……是文字在伏羲之前，已自久远，何怪伏羲而有书契乎。

义疏强中传说，本不足论。所引崔瑗……之说，要破司马迁……之说，也未必有力［即使崔瑗……之说是真的，古人同名号的很多（譬如尧的时候有共工，伏羲、神农之间，还有霸九州的共工），安知古时候有个“王者”的仓颉，黄帝时候不再有个做史官的仓颉呢］。然而说伏羲以前，久有文字，这话却未可一笔抹杀。用科学的眼光来看，天下断无突然发生的事情，说前此都是结绳，仓颉一个人，“见鸟兽蹄迒之迹”，突然创造文字，也不合理。所以我说：文字断不是一人造的；从黄帝以前，必已发生很久，不过书传传说，都说是起于黄帝时代，仓颉是黄帝的史官，史官是管记事的，是用文字的，就都说文字是他所造罢了。

然则书传传说，为什么要说文字起于黄帝时代呢？按《易·系辞》说：

> 后世圣人易之以书契，百官以治，万民以察。

则书契之用，是到黄帝时才广泛的，以前不过仍用之于“升封刻石”等事。所以大家都说书契是起于黄帝时了。

《说文解字叙》又说：

> 仓颉之初作书，盖依类象形，故谓之文；其后形声相益，即谓之字。文者，物象之本（各本无此六字，段玉裁注本，依《左传·宣公十五年正义》补）；字者，言孳乳而浸多也。著于竹帛谓之书；书者，如也。以迄五帝三王之世，改易殊体，封于泰山者七十有二代靡有同焉（按：封于泰山者七十二代——这句话原不必真，然而照古人的意思说起来，自多在黄

帝以前；许慎的意思，也未必有异。照此处文意来看，却像这七十二代，就在三王五帝之世似的；这是古人文法疏略，不可以辞害意）。周礼，八岁入小学。保氏教国子，先以“六书”：一曰“指事”……二曰“象形”……三曰“形声”……四曰“会意”……五曰“转注”……六曰“假借”……及宣王太史籀著大篆十五篇，与古文或异。至孔子书《六经》，左丘明述《春秋传》，皆以古文……其后诸侯力政，不统于王，恶礼乐之害己，而皆去其典籍。分为七国，田畴异亩，车涂异轨，律令异法，衣冠异制，言语异声，文字异形。秦始皇帝初兼天下，丞相李斯乃奏同之，罢其不与秦文合者。斯作《仓颉篇》，中车府令赵高作《爰历篇》，太史令胡毋敬作《博学篇》，皆取《史籀》大篆，或颇省改，所谓小篆者也。是时秦烧灭经书，涤除旧典；大发吏卒，兴戍役，官狱职务繁，初有隶书，以趣约易，而古文由此绝矣。

许慎的《说文解字叙》，向来讲“文字的历史”的，都根据它。我却有点疑心，为什么呢？一、既然说“五帝三王之世，改易殊体”，为什么“保氏六书”，却有这样的整齐？二、从李斯作《仓颉篇》、赵高作《爰历篇》、胡毋敬作《博学篇》之后，还有司马相如的《凡将篇》、史游的《急就篇》、李长的《元尚篇》、扬雄的《训纂篇》、班固的《十三章》、贾鲂的《滂喜篇》，都是整句韵语（《凡将》七言；《急就》前多三言，后多七言；其余都是四言。这一条根据段氏《说文解字注序》，可参看原书），一体相承，体例没有改变。既然保氏时代，就有很整齐的六书，为什么许慎以前，没一个人想到，照《说文》的体例，依字形分部编一部字书［整句韵语，是文字为用未广，学问靠口耳相传时代的东西。《仓颉》《爰历》……正合这种体裁，所以汉朝尉律试学童“讽籀书九千字，乃得为史”（见许慎《说文解字叙》），籀就是背诵（从段氏说），可见当时教学童，都是如此的。若照《周礼》保氏教国子以六书的说法，是教小孩子的，不用《三字经》《千字文》，反用《康熙字典》一类的字书了。哪有此理］？三、许慎说：“及孔子书《六经》，左丘明作《春秋传》，皆以古文。”这句话的根据就在下文。所谓“壁中书者，鲁恭王坏孔子宅，而得《礼记》《尚书》《春秋》《论语》《孝经》，又北平侯张苍献《春秋左氏传》”。他又说：“郡国亦往往于山川得鼎彝，其铭即前代之古文，皆自相似。”按他上文说秦朝时候，明说“而古文由此绝矣”，终西汉一朝，并没提起古文。到王莽时的“六书”，才有所谓“一曰古文，孔子壁中书也。二曰奇字，即古文而异者也”。若古文是根据壁中书，奇字想就是根据山川鼎彝的。然而现在《说文》一书中，所存“古文”“奇字”，实属寥寥无几，果使所谓古文者不过如此，和小篆算得什么异同？后世“于山川得鼎彝”一类的事情很多（研究他的人就是小学中的金石一派），所载的文字，分明和许书不尽相合。四、而且六书的说法，仅见于《汉书·艺文志》，许慎《说文解字叙》和《周礼·保氏》注引先郑的说法，此外都没有。为什么没有一个人提及，难道周代相传的掌故，西汉时代没有一个人晓得吗？

所以我疑心：六书的说法，是本来没有的。这种说法，是汉代的人，把古人的文字，就字形上来研究所得的结果，并不是周代保氏，就有这种说法。所谓言语异声，文字异形，并不是从战国时代起的。中国的文字，战国以前本来是大体相同，而各国都有小异的。直到秦并天下，“丞相李斯乃奏同之，罢其不与秦文合者”，才统一（说“罢其不与秦文合者”，则大体相合可知。“言语异声，文字异形”，是从七国时代起的，他无证据，只有《周礼》上大行人“七岁属象胥，谕言语，协辞令，九岁属瞽史，谕书名，听声音”，可以做周室盛时，言语不异声，文字不异形的证据。然而这句话，除《周礼》以外，也是他无证据的），既然六书的说法，是汉末的人研究所得的结果；那么，此前，中国的文字是绝无条理的。不过有《仓颉》《爰历》一类的书，像后世的《三字经》《千字文》一般，给人家念熟了记牢了罢了，像后世《康熙字典》一类的书都是没有的。这么说，就可以见得中国的文字，是迫于需用渐次增加，并不是有一个人（像仓颉、史籀等）按了一定的条理系统，把它创造或改良的（难我的人要说：既然是逐渐发达，何以所有的字，分明能用“六书”来驾驭它，何以能这般有条有理呢？那么，我要请问，后世造俗字的人很多，所造的字，也分明能用“六书”来统驭它，难道他们是通“六书义例”的吗）。

以上的说法，似乎奇创，然而其中似乎也有点道理，请“好学深思之士”想一想。

程邈是中国一个改良字体的大家，他所改定的隶书，到如今还在沿用它（真书和隶书，算不得什么变迁）。然而这个人事迹不详。只据《说文叙》，知道他是下杜人。《说文叙》说王莽时的“六书”：“三曰篆书。即秦小篆，秦始皇使下杜人程邈所作也。”这句话当在“四曰左书，即秦隶书”之下，看《段注》就可以明白。卫垣《四体书势》：“……小篆，或曰：下士人程邈，为衙狱吏，得罪始皇，幽系云阳十年，从狱中作……奏之始皇，始皇善之，出以为御史，使定书。或曰：邈所定乃隶字也。”前一说，想又是因《说文》的错简而致误的。

至于作书的器具，古人所用的，有竹、木两种：木的唤作“牍”（《说文》：牍，书板也），也唤作“版”（《管子·霸形篇》注：方，版牍也），又唤作“方”（《仪礼·聘礼》注：方，版也）。板长一尺（《玉海》），所以又唤作“尺牍”。小的唤作“札”（《汉书·郊祀志》注：札，木简之薄小者也），也唤作“牒”（《说文》：牒，札也。札，牒也）；大的唤作“椠”，椠长三尺（《释名》）。方而有八角，有六面或八面可写的，唤作“觚”，又唤作“棱”（颜师古《急就篇》注：觚者，学书之牍，或以记事……或六面或八面皆可书。《史记·酷吏列传》注：觚，八棱有隅者）。刻木以记事谓之“契”（《汉书·古今人表》注：契，刻木以记事也）。把它分作两半，则或唤作“契”，或唤作“券”（《曲礼》：“献粟者执右契。”《史记·田敬仲完世家》：“公常执左券。”则左半唤作券，右半唤作契。然亦是“对文则别，散文则通”的）。竹的唤作“简”，又唤作“策”（《仪礼·既夕》注疏：编连为策，不连为简。按：这也是“对文则别，散文则通”的）。也有用帛的，则谓之“缣素”（见《后汉书·和熹邓皇后纪》注）。编连起来是用“韦”（《一切经音义》十四引《字林》：韦，柔皮也），所以说孔子读《易》，“韦编三绝”。写字是用笔蘸漆，书于简牍（《物原》：虞舜造笔，以漆书于竹简）。写错了，就用刀削去，所以“刀笔”连称，又说“笔则笔，削则削”（《汉书·礼乐志》：“削则削，笔则笔。”注：“削者，谓有所删去，以刀削简牍也；笔者，谓有所增益，以笔就而书也。”《曲礼》疏：“削，书刀也。”则削简牍的刀，亦可以唤作削），这种写字的法子，是很繁难的。所以古代的文化，发达得很缓。

第三节　东周以后的学派

研究古代的学术，先得明白两种道理：

其一，古代的学术，是和宗教合而为一的；到后世才从宗教中分了出来。

其二，古代的学术，是贵族所专有的；到后世才普及到平民。

因此，讲我国的学派，只得从东周以后起，因为西周以前，学术是和宗教合而为一的，是贵族所专有的。看本章第一节，已经可以明白它的思想；看了古代的一切制度，就可以明白它的外形了。

东周以后的学派，可考见的，无过于《史记·太史公自序》里头，述他的父亲谈所论六家要旨和《汉书·艺文志》所根据的刘歆《七略》。且把它节录在下面。

司马谈所论，是“阴阳”“儒”“墨”“法”“名”“道德”六家。他说：

……尝窃观阴阳之术，大祥（《正义》顾野王云：祥……吉凶之先见也）而众忌讳，使人拘而多所畏。然其序四时之大顺，不可失也。儒者博而寡要，劳而少功，是以其事难尽从；然其序君臣父子之礼，列夫妇长幼之别，不可易也。墨者俭而难遵，是以其事不可遍循；然其强本节用，不可废也。法家严而少恩；然其正君臣上下之分，不可改矣。名家使人俭而善失真；然其正名实，不可不察也。道家使人精神专一，动合无形，赡足万物。其为术也，因阴阳之大顺，采儒墨之善，撮名法之要，与时迁移，应物变化，立俗施事，无所不宜，指约而易操，事少而功多……

这几句话，是总论六家得失的。以下又申说他的所以然道：

夫阴阳，四时、八位、十二度、二十四节，各有教令；顺之者昌，逆之者不死则亡。未必然也，故曰：使人拘而多所畏。夫春生夏长，秋收冬藏，此天道之大经也，弗顺，则无以为天下纲纪，故曰：四时之大顺，不可失也。夫儒者以六艺为法；六艺经传以千万数，累世不能通其学，当年不能解其礼。故曰：博而寡要，劳而少功。若夫列君臣父子之礼，序夫妇长幼之别，虽百家弗能易也。墨者亦尚尧舜道，言其德行曰："堂高三尺，土阶三等，茅茨不翦，采椽不刮。食土簋，啜土刑，粝粱之食，藜藿之羹。夏日葛衣，冬日鹿裘。"其送死，桐棺三寸，举音不尽其哀。教丧礼，必以此为万民之率，使天下法……夫世异时移，事业不必同，故曰：俭而难遵。要曰强本节用，则人给家足之道也。此墨子之所长，虽百家弗能废也。法家不别亲疏，不殊贵贱，一断于法，则亲亲尊尊之恩绝矣。可以行一时之计，而不可长用也，故曰：严而少恩。若尊主卑臣，明分职，不得相逾越，虽百家弗能改也。名家苛察缴绕，使人不得反其意，专决于名而失人情（**按：好比论理学，过偏于形式，而不顾事实**）；故曰：使人俭而善失真。若夫控名责实，参伍不失，此不可不察也。道家无为，又曰无不为，其实易行，其辞难知。其术以虚无为本，以因循为用。无成势，无常形，故能究万物之情。不为物先，不为物后，故能为万物主。有法无法，因时为业；有度无度，因物与合。故曰：圣人不朽，时变是守。虚者，道之常也；因者，君之纲也。群臣并至，使各自明也……

他所主张的，虽是道家，然而他篇首说：“《易大传》：天下一致而百虑，同归而殊途。夫阴阳、儒、墨、名、法、道德，此务为治者也，直所从言之异路，有省不省耳。”则他也承认此六家是同可以为治的。他议论当时的学问，专取这六家，大概也就是取其可以为治的意思（如农家、兵家等，不是用于政治上的，所以都没论及）。

刘歆的《七略》，除《辑略》是“诸书之总要”外，其《六艺》一略，和《诸子略》里的儒家，是重复的。《诸子略》中，分为“儒”“道”“阴阳”“法”“名”“墨”“纵横”“杂”“农”“小说”十家；其中去小说家，谓之“九流”。《诗赋》一略，和学术无甚关系（在后世的文学中，也只占一小部分）[①]。《兵书》一略，又分“权谋”“形势”“阴阳”“技巧”四家。《术数》一略又分“天文”“历谱”“五行”“蓍龟”“杂占”“形法”六家。《方技》一略，分“医经”“经方”“房中”“神仙”四家。其中尤以《诸子》一略，为学术的中坚，咱们且节录它所论各家的源流宗旨如下：

儒家者流，盖出于司徒之官。助人君……明教化者也。

道家者流，盖出于史官。历记成败、存亡、祸福、古今之道；然后知秉要执本，清虚以自守，卑弱以自持；此君人南面之术也……

阴阳家者流，盖出于羲和之官。敬顺昊天，历象日月星辰，敬授民时，此其所长也。及拘者为之，则牵于禁忌，泥于小数，舍人事而任鬼神。

法家者流，盖出于理官。信赏必罚，以辅礼制……

名家者流，盖出于礼官。古者名位不同，礼亦异数。孔子曰：必也正名乎。名不正，则言不顺；言不顺，则事不成……

墨家者流，盖出于清庙之官。茅屋采椽，是以尚俭……养

① 当云集部所自始。

三老五更，是以兼爱；选士大射，是以上贤；宗祀严父，是以右鬼；顺四时而行，是以非命；以孝视天下，是以尚同……

纵横家者流，盖出于行人之官。孔子曰：诵诗三百，使于四方，不能颛对，虽多，亦奚以为。又曰：使乎使乎。言其当权事制宜，受命而不受辞，此其所长也。及邪人为之，则尚诈谖而弃其信。

杂家者流，盖出于议官。兼儒墨，合名法，知国体之有此，见王治之无不贯……

农家者流，盖出于农稷之官。播百谷，劝耕桑，以足衣食……及鄙者为之，以为无所事圣王，欲使君臣并耕……

小说家者流，盖出于稗官。街谈巷语道听途说者之所造也……如或一言可采，此亦刍荛狂夫之议也。

他又论兵家道：

权谋者，以正守国，以奇用兵，先计而后战，兼形势，包阴阳，用技巧者也。形势者，雷动风举，后发而先至，离合背乡，变化无常，以轻疾制敌者也。阴阳者，顺时而发，推刑德，随斗击，因五胜，假鬼神，而为助者也。技巧者，习手足，便器械，积机关，以立攻守之胜者也。兵家者，盖出古司马之职，王官之武备也……

又论术数道：

天文者，序二十八宿，步五星、日、月，以记吉凶之象，圣王所以参政也……历谱者，序四时之位，正分至之节，会日、月、五星之辰，以考寒、暑、杀、生之实……五行者，五常之刑气也……皆出于律历之数……而小数家因此以为吉凶，而行于世，浸以相乱……蓍龟者，圣人之所用也……杂占者，记百事之象，候善恶之征……众占非一，而梦为大……盖参卜筮……形法者，大举九州之执，以立城郭室舍形人及六畜骨法之度数，器物之形容以求其声气贵贱吉凶；犹律有长短，而各征其声，非有鬼神，数自然也……数术者，皆明堂羲和史卜之职也……

又论方技道：

医经者，原人血脉、经络、骨髓、阴阳、表里，以起百病之本，死生之分，而用度箴、石、汤、火所施，调百药齐和之所宜……经方者，本草、石之寒、温，量疾病之浅、深，假药味之滋，因气感之宜，辨五苦六辛，致水火之齐，以通闭，解结，反之于平……房中者，情性之极，至道之际，是以圣王制外乐以禁内情，而为之节文……乐而有节，则和平寿考……神仙者，所以保性命之真，而游求于其外者也……方技者，皆生生之具，王官之一守也；太古有岐伯、俞拊，中世有扁鹊、秦和……汉兴，有仓公……

以上所论，儒、道、阴阳、法、名、墨六家，和司马谈所论重复。杂家不能称家，小说家只是收辑材料，不能称学。《术数》一略，包括天文学、历学和古代的宗教学，亦不能出于阴阳家以外。方技四家，实在只算得一个医家（医经是医学；经方是药物学；房中是专研究生殖一科的；神仙虽然荒唐，却也以医学为本，所以现在的《内经》，屡引方士之说，后世的方士，也总脱不了服食等事）。与纵横家、农家、兵家都在司马谈所论六家之外。所以我国古代的学术，有：

儒家（偏于伦理政治方面）、道家（偏于哲学）、阴阳家（古代的宗教家言，包括天文、律、历、算数等学）、法家（偏于政治法律方面）、名家（近乎论理学）、墨家（也在伦理政治方面。而敬天明鬼，比起儒道两家来，宗教臭味略重）、纵横家（专讲外交）、农家、兵家、医家。

而《诗赋》一略，也可以称作文学。

他推论各家学术，以为都出于王官。虽所推未必尽合，而“其理不诬”。可以见得古代学术为贵族所专有的情状。

以上所论，战国以前学术界的大略情形，可以窥见了。至于详论它的分歧变迁、是非得失，这是专门研究学术史的事，不是普通历史里讲得尽的，所以只好略而不具。

图书在版编目（CIP）数据

吕思勉白话中国史 . 上古卷 . 华夏初兴 / 吕思勉著
. — 杭州 : 浙江人民出版社， 2019.12
ISBN 978-7-213-08617-5

Ⅰ . ①吕… Ⅱ . ①吕… Ⅲ . ①中国历史—上古史—通俗读物 Ⅳ . ① K209

中国版本图书馆 CIP 数据核字（2018）第 014973 号

吕思勉白话中国史·上古卷·华夏初兴

LÜ SIMIAN BAIHUA ZHONGGUO SHI · SHANGGU JUAN · HUAXIA CHUXING

吕思勉 著

出版发行 浙江人民出版社（杭州市体育场路 347 号 邮编 310006）
责任编辑 徐 婷
责任校对 陈 春
封面设计 闫微微
电脑制版 顾小固
印 刷 嘉业印务（天津）有限公司
开 本 880 毫米 ×1230 毫米 1/32
印 张 8.5
字 数 154 千字
版 次 2019 年 12 月第 1 版
印 次 2019 年 12 月第 1 次印刷
书 号 ISBN 978-7-213-08617-5
定 价 36.00 元